Dorothee Sölle
Das Recht auf ein anderes Glück

Dorothee Sölle

Das Recht auf ein anderes Glück

Kreuz Verlag

Dieses Buch enthält Beiträge aus den vergriffenen Titeln »Sympathie« und »Das Recht, ein anderer zu werden« von Dorothee Sölle, die im Kreuz Verlag erschienen sind.

Die Deutsche Bibliothek – CIP-Einheitsaufnahme

Sölle, Dorothee:
Das Recht auf ein anderes Glück / Dorothee Sölle. –
1. Aufl. – Stuttgart: Kreuz-Verl., 1992
    ISBN 3-7831-1137-4

1. Auflage
© 1992 by Kreuz Verlag Stuttgart
Umschlaggestaltung: Jürgen Reichert, Stuttgart
Autorenfoto D. Sölle: Brigitte Friedrich, Köln
Gesamtherstellung: Ebner Ulm
ISBN 3 7831 1137 4

Inhalt

Umgang mit sich selbst

Kann die Frage danach, wie ein Mensch mit sich selber umgeht, überhaupt als eine christliche Frage gelten? Hier wird nach Maßstäben für die Zukunft gesucht, die einer christlichen Ethik entsprechen könnten. Es ist dabei vorausgesetzt, daß es um die Zukunft aller Menschen geht und um ein Handeln in gesellschaftlicher, politischer und sozialer Hinsicht, wie es dem Evangelium gemäß sein kann. In der gegenwärtigen Theologie setzt sich immer deutlicher die Erkenntnis durch, daß das Evangelium ein Politikum ersten Ranges ist, eine öffentliche, weltgestaltende, weltverändernde Macht, und daß das Ziel des christlichen Glaubens nicht die Rettung einzelner Seelen oder das Heil des Individuums ist, sondern die Stadt Gottes als die endlich bewohnbar gewordene Erde. Darum drücken für uns Wörter wie »Frieden« oder »Gerechtigkeit« das Evangelium klarer und umfassender aus als solche wie »Erlösung« oder »Heil der Seele«. Für eine ganze Generation von Christen im Aufbruch – zwischen Holland und Florenz, Alabama und Uppsala – sind zwei Geschichten aus der Bibel zu den wichtigsten geworden, die vom barmherzigen Samariter, die wir vielleicht heute die vom barmherzigen Atheisten nennen könnten, und die vom Weltgericht, wo Christus die Menschen nicht nach ihrem Verhältnis zum Vater fragt, sondern nach dem zum geringsten der Brüder.

Angesichts dieser Tendenz erscheint nun die Frage, wie ein Mensch heute und in Zukunft mit sich selber umgehen soll, die Reflexion also auf den einzelnen und nicht auf die von ihm verantwortete Welt, fast wie ein Rückzugsgefecht, mit dem konservative Christen sich noch aufhalten mögen, das aber für ein heutiges radikales Verständnis des Glaubens eher überflüssig ist. Subjektivität ist wenig gefragt. Wer begriffen hat, daß die Senkung der Zölle für Waren aus den Entwicklungsländern ein wirtschaftspolitisches Ziel darstellt, das wir vom Glauben her anstreben müssen, oder daß das Evangelium uns selber dazu auffordert, an einem Bildungssystem zu arbeiten, das allen die gleiche Chance gibt, wie sollte der sich mit der altmodischen Frage, wie der Mensch mit sich selber auskommt, weiter abgeben? Ist sie nicht in den neuen Formen christlichen Lebens, den Arbeits- und Projektgruppen, die ohne Team nicht denkbar sind, bereits überholt? Haben wir überhaupt die Zeit, uns auf solche bürgerlich-innerliche Fragestellungen einzulassen, haben wir überhaupt das Recht, den Umgang mit uns selber zu bedenken in einer Welt, deren dringendste Fragen den Umgang mit dem Geld, der Macht und dem Eigentum betreffen? Bringt nicht diese Art der Fragestellung von neuem das ganze Elend des Christentums zutage, nämlich dies, daß es den Kirchen vor allem um sich selber geht, um ihre Macht, ihre Selbstbehauptung und ihr Geld, und daß hier nun das, was der klerikalisierten Institution recht ist, dem einzelnen auch noch billig gemacht werden soll: Er soll sich auf sich selber beschränken und konzentrieren, er soll abgelenkt werden vom weltlich gewordenen Evangelium und sich religiöser Selbstbefriedigung, wie sie seit eh und je praktiziert worden ist, ergeben. Er soll Gott und die Seele wieder zum großen und einzigen Thema des Glaubens machen und sich in der Rückbesinnung auf das Ich dem Zeitgeist, der auf Veräußerlichung drängt, entgegenstellen.

Um es zu Beginn zu klären: Ich verstehe die Frage nach dem Umgang des Menschen mit sich selber nicht in diesem klassisch-traditionellen Sinn einer christlichen

Bürgerlichkeit. Und ich glaube daraum auch nicht, daß sie erledigt ist. Sosehr wir heute daran arbeiten müssen, neue Formen des Zusammenlebens zu finden, in denen Menschen aus dem tödlichen Mißverständnis, das Glück in den privaten Konsum möglichst vieler erlesener Güter zu setzen, befreit werden, so sicher ist doch, daß auch kollektive Lebensformen nur dort gedeihen, wo Menschen auch allein sein können und gelernt haben, mit sich selber umzugehen.

Ich gehe von jenem rührenden und den Beobachter beschämenden Phänomen aus, daß Kinder, aber auch Erwachsene, wenn sie allein sind, mit sich selber sprechen. Im Selbstgespräch übernimmt das Kind häufig die Rolle der Mutter und präsentiert so in seinem Sprechen das Einssein von Mutter und Kind, aber auf dem Weg der Ablösung. Sprechend hat es zwei Stimmen gewonnen, es kann sich mit der Mutter identifizieren und hat, indem es sich selber mit »du« anspricht, ein Stück Distanz von sich selber gewonnen. Diese Distanz ist zum Umgang mit sich selbst notwendig und charakterisiert den Menschen als das Wesen, das nicht unmittelbar auf seine Bedürfnisse versteift ist. Nur der Mensch geht mit sich selber um, hat Abstand von sich selber und kann sich selber reflektieren, wie es im Sprachstrom des Bewußtseins geschieht. Es scheint mir berechtigt, dieses Sprechen mit sich, das Kinder beginnen und das sich im Leben der Erwachsenen lautlos fortsetzt, als einen Dialog anzusehen, das heißt ein Hin und Her, ein Für und Wider, das tatsächlich Fortschritt, Bereicherung und Erkenntnis enthält. Was im krankhaften Gebrabbel älterer alleinlebender Leute fehlt, ist gerade dieses Element des Weiterkommens, das die Tendenz des ausgesprochenen Wortes ist.

Wir reden uns selber gut zu, wir fragen uns, wir kritisieren uns, wir muntern uns auf, wir leben, ausgesprochen oder unhörbar, in einem Dialog mit uns selber, dessen Verstummen oder dessen Abreißen ein Stück Tod für den

Menschen darstellt. Das Sprechen des Menschen mit sich selber ist ein Lebensausdruck ähnlich dem Lachen oder Weinen, ohne den unser Leben verarmt und eintrocknet. Wir sprechen vom »Strom des Bewußtseins« und drükken in diesem Bild den Fortgang, die Bewegung, die Belebung durch Wasser aus. In der Tat hat es nur dann einen Sinn, das Umgehen mit sich selber zu einer ethischen Frage zu machen, wenn der einzelne im Umgang mit sich selber Fortschritte macht, wenn er zunimmt an Sensibilität der Wahrnehmung und Kraft der Veränderung. Der Strom des Bewußtseins hat ein Ziel, andernfalls stagniert er und wiederholt nur auf einer anderen Ebene das, was schon ist. Dabei verliert der Mensch sich selber aus dem Blick, und zugleich verliert er die Sprache, in der er sich selber formulieren könnte.

Denn der Umgang mit sich selber vollzieht sich wesentlich in der Sprache: So wie wir uns die Welt aneignen, indem wir allen Dingen Namen geben und die Begriffe übernehmen oder festlegen, mit deren Hilfe wir uns orientieren, so eignen wir uns auch das eigene Ich im Dialog mit uns selber an. Wir lernen uns kennen, wir fragen uns, wir reflektieren. Zumindest können wir als das Ziel jenes Selbstgespräches, das jeder Mensch darstellt, die Aneignung des Ich, seine Stärkung, seine Bewußtheit, ansehen. Diese Aneignung, Stärkung und dieses Bewußtwerden hat in unserer Gesellschaft neue und spezifische Bedrohung erfahren, wie sie die Generationen vor uns kaum kannten.

Wir leben, um einen Ausdruck Alexander Mitscherlichs zu gebrauchen, »auf dem Weg zur vaterlosen Gesellschaft«. Die Gestalt des Vaters, die innerhalb unserer Tradition das Ich des einzelnen am stärksten bedrohte, einschränkte, aber auch herausforderte und prägte, ist in eine Krise geraten; von ihrer einstigen ungefragten Autorität bleibt so gut wie nichts zurück. Manchen scheint mit diesem Abbau oder diesem Zerfall das Reich der Freiheit schon hereingebrochen; es ist aber die Frage, ob die frühere Rolle des Vaters heute nicht von anderen Mächten übernommen worden ist, die die Entstehung eines starken und bewußten Ich zumindest ebenso gefährden.

Wie lernt ein Mensch, mit sich selber umzugehen? Daß er ein Ich hat, »ich« sagen kann, als unverwechselbare Person existiert, das hängt in der christlichen Tradition mit dem Verständnis der Sünde zusammen, das in der Bibel entfaltet ist. Das Bewußtsein der Sünde nimmt dem Menschen das selbstverständliche Eingebettetsein in eine Gemeinschaft, eine Gruppe, einen Stamm und setzt ihn verantwortlich als diesen einzelnen, der für seine Taten, ja für seine Worte und in der Verschärfung der Forderungen, wie sie die Bergpredigt Jesu bringt, auch für seine Absichten und heimlichen Wünsche verantwortlich ist. Die Sünde individuiert, sie bringt die Menschen dazu, ihr Leben als ihre eigene, selbstbestimmte, selbstverschuldete Geschichte anzusehen. Dieser im jüdisch-christlichen Verständnis begonnene Prozeß, der Schulderkenntnis und Individuation aufeinander bezieht, ist nicht umkehrbar, ja es läßt sich zeigen, daß die säkularen Erben des Glaubens diesen Prozeß noch unerbittlicher vorantreiben: Nicht nur das Handeln und das bewußte Denken, auch das Unbewußte wird in den Gerichtsprozeß des Bewußtseins hineingenommen, analysiert und zur Rechenschaft gezogen; nicht nur das private Tun und Lassen, auch das politische und wirtschaftliche Tun und Unterlassen wird unter das Gericht gegen Unmenschlichkeit gestellt. Je weniger der Mensch sich auf seine »Natur« berufen kann, um so klarer erkennt er sein Leben als eigene Geschichte – und der berühmte Satz Sigmund Freuds »Wo Es war, soll Ich werden« gilt auch in diesem weltgeschichtlichen Sinn: Das Bewußtsein der eigenen Freiheit wächst, das Bewußtsein, daß die eigene menschliche Welt immer unabhängiger wird von natürlichen

Vorbedingungen. Wo »es«, nämlich die Natur, der blinde Zufall, das Faktum waren, soll »ich«, der die Welt gestaltende Mensch, sein Plan, seine Vernunft werden. Je überschaubarer und planbarer diese Welt aber wird, um so größer und unausweichlicher wird auch die Verantwortung für alles, was geschieht.

Die verwissenschaftliche Welt entlastet den Menschen zwar in allen unmittelbaren Lebensbedürfnissen, die nun leichter, schneller und risikoloser zu stillen sind, sie belastet ihn aber zunehmend, indem jedes Versagen, jede Schwierigkeit als die eigene – vermeidbare – angesehen wird und keine Natur, kein Schicksal, keine fremde Gewalt sich zwischen uns und unser Versagen mildernd stellen. Es ist wahrscheinlich schlimmer, ein Contergankind zu haben, als eines, das auf Grund von uns unbekannten Ursachen mißgestaltet ist. Die Anzahl der mildernden Umstände nimmt objektiv ab, und eben dies weiß oder spürt das Ich. Der Druck, der auf ihm lastet, die Verantwortung für das Gelingen des eigenen Lebens, der individuell geschlossenen Ehe, des selbstgewählten Berufes, wächst. Niemand kann sich diesem Druck entziehen und sich auf eine Instanz berufen, die ihm die Verantwortung für die Richtigkeit der eigenen Entscheidung abnähme, wie das in einer traditionsgeleiteten Gesellschaft möglich war. Je ungeheurer unsere Möglichkeiten sind, in den Ablauf der Ereignisse einzugreifen und die günstigsten Bedingungen herzustellen, um so schärfer erkennen wir unsere Verantwortung, und mit jedem Stück neuen Wissens über die Zusammenhänge, die menschliches Leben entstellen, wächst auch notwendig unser Schuldgefühl.

Es scheint mir daher etwas zu einfach, die auch in unserer Gesellschaft noch wachsenden Schuldgefühle und Schwierigkeiten im Umgang mit sich selber hauptsächlich der strengen christlichen Erziehung, wie sie noch mancherorts geübt wird, anzulasten, dann müßten diese Schuldgefühle mit dem Abbau autoritär-christlicher Erziehung zurückgehen. Tatsächlich aber sind es eher die objektiven Gegebenheiten der Leistungsgesellschaft, die einen Druck ausüben, dem man sich nur mit Hilfe von komplizierten Abwehrmechanismen entziehen kann. Hier gilt – und das macht den Umgang mit sich selbst so schwer –: Je wissender, desto schuldiger. Je mehr Erkenntnis von anderen als den vorliegenden Möglichkeiten ich habe, je mehr Differenzierung ich treffen kann, desto klarer erkenne ich die eigene Unzulänglichkeit. Unter dem wachsenden Bewußtsein verdüstert sich der Umgang des Menschen mit sich selber. Es war noch vor zehn Jahren leichter für eine junge Frau, sich auf Kinder und Haushalt zu beschränken, als heute, weil sie weniger von Möglichkeiten, ihr Leben selber zu bestimmen, wußte. Mit dem größeren Wissen von dem, was auch in unserer Gesellschaft möglich ist, wachsen die berechtigten Ansprüche. Sie setzen das geschwächte, seiner selbst nicht sichere Ich unter Druck. An die Stelle älterer Bedingungen, die das Ich formten, wie sie der Gott vertretende Vater darstellte, ist mit der Relativierung solcher Autoritäten noch keineswegs das Reich der Freiheit getreten. An die Stelle des vater- oder religiös bestimmten Überich setzt sich eines, das den Normalvorstellungen der jeweiligen Klasse oder Schicht entspricht, das aber in Forderungen und Verdammung nicht weniger erbarmungslos ist als der ältere Vater. Nicht mehr von oben kommen die Maßstäbe, sondern sie stellen sich im konkurrierenden Vergleich mit den Arbeitskollegen her und werden genährt durch einen nicht abreißenden Strom von Information, der darauf aufmerksam macht, wie anders unter scheinbar ähnlichen Bedingungen gelebt wird: schöner, gesünder, sportlicher, tüchtiger, erfolgreicher.

Dieser Strom verlogener, weil wesentliche Fakten ausklammernder Informationen über das besser gekonnte Leben überschwemmt das Ich, das sich nach einem solchen Leben sehnt, und stürzt es in größere Hilflosigkeit als zuvor.

Eines der wichtigsten Mittel, Menschen an unsere Gesellschaft anzupassen, ist die Werbung. Sie appelliert keineswegs nur an die sogenannten »niederen Instinkte«, sondern weit wirksamer baut sie ein Idol auf, das des glücklichen, gesunden, sexuell erfolgreichen, ausgeglichenen, seiner Umgebung angepaßten Menschen. Unter diesen Ansprüchen fühlt sich das Ich eingeklemmt, einerseits seinen vielen nicht befriedigten Wünschen und Aggressionen preisgegeben, andererseits vom glatten und starken superman entmutigt und zurückgeworfen. Der Umgang mit sich selber verkümmert, weil er nur noch im ohnmächtigen Aufbegehren gegen ein unerreichtes omnipotentes Überich bestehen könnte. Das Ich findet keine Sprache mehr.

Es gibt viele Beispiele in der Literatur, die dieses Verstummen, die Sprachlosigkeit des Ich darstellen. Ich möchte zwei anführen, beide sind Monologe, in denen jemand sich ausspricht; in beiden ist das Ich des Sprechenden vollständig unentwickelt und hat, zwischen Überich und Es eingeklemmt, keine eigene Sprache gefunden. Arthur Schnitzler schreibt 1901 den Monolog des »Leutnant Gustl«, in dem alltägliche und entscheidende Vorfälle in Bruchstücken im Strom des Bewußtseins erscheinen. An keiner Stelle gelingt dem Sprechenden der Umgang mit sich selber, an keiner Stelle erscheint ein Ich. Einerseits werden die Triebkräfte des Es, meist assoziativ verknüpft, ausgesprochen; Sexualität und Aggression beherrschen das Feld. Darüber liegt oft wie ein dünner Firnis, manchmal wie eine massive Wand eine Schicht von Überich: der Kastengeist des Offizierskorps, eine angelernte Achtung vor kulturellem Erbe, Begriffe von Stand und Ehre, alles in vollständig fixierten Klischees. Die Sprache des Überich ist banal, phrasenhaft und geordnet; sie wirkt als Fremdkörper zwischen Wahrnehmung

14

und assoziativem sinnlichem Gestammel. Zwischen Überich und Es ist kein Platz für Subjektivität, eigene Entscheidung oder gar Veränderung des Bewußtseins. Das Es ist ebenso fixiert und unwandelbar wie das einmal gebildete Überich. Eine Veränderung des Menschen könnte nur im Ich stattfinden. Leutnant Gustl aber, ein Vorläufer der »Eichmanns«, wenn auch einer anderen Klasse angehörig, kann nichts erleben, was ihn veränderte. Selbst die Bedrohung seines Lebens wird zur Bagatelle, die ihn läßt, wie er war.

Das zweite Beispiel für die Sprachlosigkeit des Ich ist der Monolog eines Wiener Kleinbürgers, den Helmut Qualtinger dargestellt hat. Der »Herr Karl« erzählt sein Leben und verfällt immer wieder aus dem wienerischen Dialekt in ein unsäglich banales und klischiertes Hochdeutsch. Und zwar gerade dann, wenn er eine Handlung rechtfertigen, interpretieren oder durch Gefühle verbrämen will.

Da erscheinen dann allgemeine Weisheiten wie »so ist auch dieses Kapitel in meinem Leben vorübergegangen«, oder wenn eine besondere Infamie angedeutet wird, heißt es: »Aber auch diese Lebensgemeinschaft war nicht von Dauer.« Es und Überich spielen sich dabei perfekt in die Hände, so daß es nicht zu einem selbständigen Ich kommt: Die Todeswünsche gegen andere, die sexuelle und finanzielle Ausbeutung anderer haben ihr Pendant in den jederzeit bereitliegenden Überich-Klischees. Der hier dargestellte Typ ist der Opportunist zu jeder Zeit, zu jedem System, ohne alle Hemmungen, die ja nur an einem stärkeren Ich entstehen könnten.

Dabei wird die literarische Form des Monologs ins äußerste Gegenteil verkehrt. Der klassische Monolog drückt den Umgang des Menschen mit sich selber als ein Gespräch zwischen Überich und Ich aus; Pflicht und Neigung, Tradition und Individualität, Gesetz und Freiheit formulieren sich, und es gehört zu einem solchen

15

Monolog, daß er den Sprechenden nicht unverändert läßt. Die Sprache, die das Ich mit sich selber führt, stellt einen Prozeß der Aufklärung dar, der häufig in eine Entscheidung mündet. Die Monologe des Leutnant Gustl und des Herrn Karl dagegen haben die Funktion der Verschleierung und kreisen ohne Beginn oder Abschluß. Es findet keine Auseinandersetzung statt. Auf dieser Ebene ist der Mensch nicht fähig, mit sich selber zu sprechen, so daß er sich veränderte. Das Ich ist zerstört.

Eben diese Ichzerstörung läßt sich häufig feststellen bei Menschen, die in versteinerten religiösen Traditionen leben. Wenn ein Gefängnispfarrer nach einem Selbstmordversuch eines Jugendlichen diesem nichts anderes zu sagen hat als »Jesus Christus ist für dich gestorben und hat dich durch sein Blut erlöst«, so ist das nicht nur die Dummheit der Dogmatiker, die sich nicht verständlicher ausdrücken können, es ist in Wirklichkeit eine Form der Abwehr. Der Pfarrer *will* nicht vom Leid des Jungen berührt werden. Er setzt die Dogmatik wie eine hygienische Maske auf, damit ihn nichts trifft. Er antwortet dem Du nicht mit seinem Ich, sondern er legt es als ein Opfer seinem Überich zu Füßen. Ob dieses Überich Jesus Christus oder Adolf Hitler oder sonstwie heißt, spielt für den Vorgang selber keine Rolle.

Es ist vielleicht heute die schrecklichste Art, Christus zu kreuzigen auf fromme, auf dogmatisch korrekte Weise, indem man ihn zu einem Stück Überich macht, das, so wie es einen selber hinderte, ein Mensch zu werden, auch andere gefangensetzt, ohne sie wirklich zu verändern. Der in dieser Weise christlich erzogene oder richtig: verstümmelte Mensch wird unfähig gemacht zum Dialog mit sich selber, er kann nicht mehr mit sich umgehen, sein Glaubenmüssen ist der präzise Ausdruck seiner Ichschwäche. Der Pfarrer, der in einer entscheidenden Situation von Christus redet, statt hier Christus zu werden für den anderen, weiß nicht, was ein Mensch ist. Er hat nicht gelernt, mit sich selber umzugehen. Er hat vergessen, oder man hat es ihm nicht gesagt, daß der Glaube den Menschen gerade dazu ermutigt, »ich« zu sagen, ohne sich auf eine Autorität zu berufen. Der Glaubende ist ein Mensch, der gelernt hat, »ich« zu sagen ohne Überheblichkeit, die eine Form der Angst ist, mit einer Gewißheit, die man an Jesus von Nazareth ablesen kann, von dem nicht zufällig so viele Worte überliefert sind, die sein Ichsagen bezeugen: »Ich« vergebe dir deine Sünde, »ich« sage dir, steh auf, »ich« rufe dich, komm mit – bis zu den großen Antithesen der Bergpredigt, wo Jesus sein »ich aber sage euch« gegen die religiös gegründete und geheiligte Autorität des Mose stellt, oder bis zu den Worten, die der vierte Evangelist Jesus sprechen läßt und die ebenfalls in nicht überbietbarer Weise »Ich bin« sagen. Ich bin das Brot, das Wasser, das Licht, das Leben.

Diese Worte sind von einer vollständigen Furchtlosigkeit getragen, nicht nur den Mächtigen gegenüber, die Jesus solcher Reden wegen verurteilten, sondern auch allen verinnerlichten Formen der Macht gegenüber, die uns von unserer Kindheit an begleiten und unsere Lebensfähigkeit, unseren Mut, unsere Hoffnung verstümmeln. In dieser Art, »ich« zu sagen, erscheint Jesus als der nichtverstümmelte Mensch, dem nicht Gewalt angetan wurde, bis er sich unterwarf, der nicht gebeugt, gezähmt, gebrochen und angepaßt wurde. Jesus hat etwas von dem Jungen im Märchen, der auszog, das Fürchten zu lernen, nur daß er es bis in den Tod hinein nicht lernte und andere noch in sein Furchtloswerden hineinzog. Diese Art zu leben setzt ein Ich voraus, das nicht mehr in den Spannungen zwischen Überich und Es kleingedrückt wird, sondern das diese Spannungen als die eigenen begreift, annimmt und integriert.

Jesus hat auch am Kreuz seinen unerhörten Satz »Ich bin das Leben« nicht zurückgenommen. Indem er auf seiner Sache, seiner Wahrheit des unverstümmelten Lebens für alle Menschen beharrte, blieb seine Wahrheit bei ihm und bei uns – was die Sprache des Mythos die Auferweckung von den Toten nennt.

Nur das Ich, das den Dialog mit sich selber ohne Verdrängung führt, kann zu solcher Furchtlosigkeit kommen. So spricht der Mensch, der aus dem Reichtum des Selbst lebt, der mit sich selber im Einklang ist in dem Sinn, daß sich seine Kräfte nicht im fruchtlosen Kampf verzehren, sondern frei verfügbar werden für den anderen Entwurf der Welt, den Jesus das Reich Gottes nannte.

Es geht also im Glauben nicht darum, daß wir den Reichtum der Individualität einem höheren Ziel opfern müßten. Es geht nicht darum, daß wir aus uns einen Glaubenden machen, der ohne Zweifel oder Beunruhigung die richtigen Sätze sagt. Das Aushalten und Aussprechen des Zweifels ist heute ein Kriterium dafür, wie ein Christ mit sich selber umgeht: ob er sich einer Rolle anpaßt, die ihm zum Beispiel als Pfarrer vorgeschrieben ist, oder ob er selber zu sein und zu bleiben wagt – dieser Mensch, der manches nicht versteht, manchmal keine Antwort weiß, der Leid bemerkt, vor dem es ihm die Sprache verschlägt. Glauben heißt ganz bestimmt nicht, daß wir den Dialog, den wir mit uns selber führen und der so oft »das Selbstgespräch des Leides und der Nacht« ist, wie Gottfried Benn einmal sagt, unterdrücken oder daß wir den Atheisten in uns totschweigen oder ihn nur in ein kirchliches Rollenspiel drängen. Kraftakte des Überich, so gläubig sie aussehen mögen, machen den Glauben unmöglich, weil sie die Ichfähigkeit des Menschen zerstören. Je mehr wir lernen, uns selber anzunehmen, um so weiter entfernen wir uns von dem theologisch verklärten Nihilismus gegen uns selber, der so leicht in Nihilismus gegen andere umschlägt. Der Reichtum des Selbst kann auch im Schmerz bewahrt bleiben, so wie der Einklang des Selbst auch in der erfahrenen Dissonanz erscheint. Christus als der unverstümmelte Mensch hatte die Fähigkeit zu trauern, die vielen Christen, die das Gespräch mit sich selber abschneiden, abhanden gekommen ist. Er konnte den Schmerz ertragen und ihn in der Trauer, die Arbeit bedeutet, sich anverwandeln.

Was immer wir über Jesu Verhältnis zu Gott, oder wie er sagte, zu dem Vater sagen können – es hat wenig mit unsern Vaterbildern und unsern Vaterbindungen zu tun. Gott war für Jesus nicht das entfernte religiöse Gegenüber, das später droben richtet, aber auch nicht das familiär-heimliche Du, das für mich und die Meinen sorgt und überall herrscht. Herrschaft und Sorge sind in Jesu Worten dem Menschen anvertraut, und wenn er sich mit Gott identifiziert, dann nicht so, wie ein Kind sich mit dem starken Vater identifiziert, sondern eher so, wie ein Mann sich mit seiner Frau, eine Frau sich mit ihrem Mann identifiziert: Sie sind füreinander da, sie können sich ihr Leben nicht ohne den anderen vorstellen, sie brauchen sich. Gerade dabei lernen sie, »ich« zu sagen, und weil sie sich getragen fühlen von anderen, können sie nun selber Verantwortung übernehmen. Weil sie angenommen sind, lernen sie, sich selber anzunehmen, was die Voraussetzung dafür ist, andere anzunehmen.

Wie kommt es aber, daß Jesu Ich so stark war? Woher nahm er seine Furchtlosigkeit? Worin beruhte sein Geheimnis? Ich werde mich hüten, hier mit den theologischen Antworten, die sich einigermaßen nahelegen, zu kommen. Diese großen Vokabeln wie Vollmacht oder Gottessohnschaft erklären nichts. Ich kann das Geheimnis Jesu nur verstehen, wenn ich es teile. Ich kann die Furchtlosigkeit nur dann Gnade nennen, wenn ich selber furchtlos geworden bin. Ich kann vom Sohn des lebendigen Gottes nur sprechen, wenn er mein Bruder geworden ist, das heißt, daß ich das gleiche genieße, was er genießt: die gleichen Rechte und das gleiche Glück.

Das entprivatisierte Gebet

Die Schwierigkeit jeder theologischen Aussage heute besteht darin, daß wir zunächst den Schutt abräumen müssen, den die Tradition uns hinterlassen hat, als sie zerfiel. Diese Schwierigkeit stellt sich beim Beten in extremem Maße, sowohl beim persönlichen individuellen Gebet wie beim entprivatisierten, öffentlichen, politischen Gebet. So notwendig es ist, von vorn anzufangen, »ein neues Lied zu singen«, so unmöglich ist es, die Zerstörungen zu übersehen, die mit Hilfe von Gebeten angerichtet worden sind und noch angerichtet werden.

Als Deutscher, der nach Auschwitz lebt, frage ich mich, was wohl zwischen 1939 und 1945 in Deutschland gebetet worden ist, wofür und mit welchen Worten. Ich denke dabei nicht in erster Linie an die Kollaborateure und Sympathisanten, die für »unseren Führer« beteten, von denen es ja in beiden großen Kirchen genug gab; über sie zu urteilen ist relativ leicht. Eine ernsthaftere Gefahr scheint mir eigentlich die schweigende Mehrheit der Traditionalisten darzustellen, die beteten, wie sie es immer getan hatten; sie brauchten die Sprache ihrer Väter, eine richtige und schöne vergangene Sprache, die niemandem weh tat und die folgerichtig erlaubt war. Die Protestanten sprachen von der Rechtfertigung allein aus Glauben und die Katholiken vom Schutz der Heiligen Jungfrau, aber was hatte das mit dem geplünderten Geschäft des jüdischen Nachbarn zu tun?

Auch das öffentliche und allgemein formulierte Gebet ist noch nicht »entprivatisiert«, solange es noch keine Gegenwart gewonnen hat, solange es in der Vergangenheit wurzelt und von ihrer gesellschaftlichen Wirklichkeit, meist einer agrarisch-feudalen, geprägt ist. »Tu nur weg von mir das Geplärr deiner Lieder«, das Geplärr der konventionellen Leerformeln ist keineswegs überwunden, und noch immer igelt man sich in den christlichen Kirchen ein, den Blick senkrecht nach oben, aber möglichst nicht zur Seite. Beten kann zu einem Alibi werden, das zur Zeit des Verbrechens die Nutznießer und Mitschuldigen davon abhält, irgend etwas gewußt zu haben, es kann zu einer Passivität verführen, die lieber mit Martin Luther singt »Verleih uns Frieden gnädiglich«, als mit Franziskus »Werkzeug deines Friedens« selber zu werden.

Immer noch nicht gebannt ist die Gefahr, das Gebet mit Magie zu verwechseln, vielleicht darum, weil Magie dem Menschen schnellere und leichtere Hilfe verspricht, als der christliche Glaube es kann. Magisches Beten rechnet mit dem wunderbaren Eingreifen eines extra-mundanen Wesens, das unsere Schwierigkeit plötzlich und ohne unser Zutun löst: Plötzlich wacht man auf, und alles ist gut, die Belastungen und Ängste sind wie ein Alptraum verschwunden, die Schmerzen sind, ganz ohne Operation, abgeklungen! »Ich weiß, es wird einmal ein Wunder geschehen«, der Schlager drückt die unerwachsene Religiosität vieler Menschen heute aus: Plötzlich erliegen die griechischen Obristen einem Herzschlag ... Jürgen kehrt überraschend zu Anna zurück ... Die Weltmarktpreise für Rohstoffe sind plötzlich so gestiegen, daß die Länder der Dritten Welt eine Chance des Überlebens haben.

Ich meine, man sollte, wenn man solche Gebete hört oder sich selber bei solchen Stoßseufzern und Bitten ertappt, nicht vom »kindlichen Gottvertrauen« sprechen, sondern eher von theologischen Playboys, die durch das, was sie für Glauben halten, daran gehindert werden, erwachsen zu werden – und das heißt nichts anderes als: Verantwortung zu übernehmen. Wir müssen lernen, vor allem im politischen, im öffentlichen Gebet, aufzuhören, die eigene Ohnmacht zu verklären und auf den Fetisch, den alles vermögenden, allmächtigen Papa, der die Sache schon in Ordnung bringen wird, zu starren. Denn Gott, jedenfalls der, mit dem Jesus lebte, hat keine anderen Hände als unsere. Keine anderen Augen, keine anderen Ohren. Der Schrei, den wir nicht hören, wird nicht gehört, das Unglück, das wir nicht wahrnehmen, wird nicht wahrgenommen. Die Überwindung der Magie im Gebet beginnt damit, daß wir merken: Gott handelt nicht unmittelbar, wunderhaft, von oben. Er will unsere Hände brauchen, unsere Augen, unsere Ohren, so schwach, so arm, so »nur menschlich« ist er. Im Gebet identifizieren wir uns nicht mit einem starken »superman«, sondern wir übernehmen die Verantwortung für unsere Welt. Wie kann aber ein Gebet, das in dieser christlichen, erwachsenen Gottesvorstellung und nicht in theistischen Illusionen wurzelt, aussehen? Das sei hier an einem einfachen Beispiel politischen Betens durchgespielt.

Hat es einen Sinn zu sagen: »Senke die Rüstungsausgaben, Herr, und erhöhe den Entwicklungsetat in unserem Land?« Offensichtlich wird kaum einer mehr so naiv daherreden. Und doch sind viele landläufige kirchliche Gebete um den Frieden ebenso naiv, unmittelbar, reflexionslos und – weil von einer magischen Erwartungshaltung getragen – unchristlich.

Eine zweite Stufe politischen Betens sieht so aus, daß man vorsichtig versucht, den Gebetswunsch mit der Realität zu vermitteln. Man sagt dann vielleicht: »Gib den Mächtigen Einsicht, Herr, laß sie die Rüstungsausgaben senken und die Hungernden nicht vergessen!« Aber es ist mir fraglich, ob hier die falsche Hoffnung auf unmittelbares Eingreifen der supranaturalen Macht schon überwunden ist und ob ein solches Gebet schon christlich ist. Denn noch ist in solchen Worten die Realität selber als schicksalhaft verstanden, als das, was die da oben machen. Zum Schicksal, dem wir unterworfen sind, paßt der supranaturale allmächtige Gott. Ein aufgeklärtes und sich weiter aufklärendes Verständnis der Realität kann mit einem solchen Gott nichts anfangen. Die Erfassung der Realität in einem solchen Gebet der zweiten, vermittelten Stufe ist oberflächlich; nach den Gründen, die die Mächtigen haben können, oder gar nach ihren Interessen am großen Rüstungs- und kleinen Entwicklungsetat wird nicht gefragt. Wenn dann noch, wie meist, der erste Teil der Bitte, der immerhin die Entwicklungshilfe in ein Abhängigkeitsverhältnis zur Aufrüstung bringt, weggelassen wird, vielleicht aus Angst vor bürgerlichen Kirchgängern, denen die steigenden Rüstungslasten ein Sicherheitsgefühl geben, vielleicht auch aus politischer Unkenntnis der Zusammenhänge oder aus ihrer Verdrängung, dann wird das in dieser Form häufig gesprochene Gebet »für die Hungernden« nicht nur politisch harmlos, sondern erst recht theologisch.

Diese Stufe des Gebets ist charakterisiert durch eine gewisse Blässe des Gedankens, der Empfindung, der Hoffung und des Glaubens, und fast neige ich dazu, die in Stufe 1 betriebene ältere Form der Magie für frömmer zu halten. Denn theologische Harmlosigkeit ist eine der Hauptformen der Heuchelei, die in den Kirchen gepflegt wird; sie kultiviert ein fröhliches Gottvertrauen, möglichst ohne viel nachzudenken und ganz sicher ohne Erkenntnis der Sünde.

»Für die Hungernden« abstrakt und weltlos beten heißt schweigen darüber, daß wir alle außerordentlich an ihrem Hunger verdienen, heißt verdrängen, daß sich wesentliche Anstrengungen unserer Wirtschaft und Politik darauf richten, diesen Hunger als das große Geschäft des Jahrhunderts zu erhalten! Wenn wir so »für die Hungernden« beten, dann wird unser Interesse, unser Dazwischensein nicht ausgedrückt. Wir kommen in eine Position, wo wir »Gott« Vorschläge machen, wie er unsere guten Ideen an anderen Leuten möglichst reibungslos durchführt. Uns selber formuliert dieses Gebet nicht, und in diesem Sinn verfehlt das schlechte, das abstrakte, das harmlose politische Gebet eine Grundbestimmung allen Betens, nämlich die, daß wir selber vorkommen im Gebet.

Wie könnte aber der genannte Inhalt zu einem christlichen Gebet werden? Eine Voraussetzung des aufgeklärten Gebetes ist, anders als vielleicht früher, die Information. Wir können für einen einzelnen Menschen, auch für uns selber, heute nicht beten, wenn wir uns nicht genau Rechenschaft geben über die psychischen und sozialen Ursachen seiner Probleme und Schwierigkeiten; ein Gebet, das diese grundlegenden Informationen nicht einbezieht, verstößt gegen die Aufmerksamkeit der Liebe, und die Informationsmöglichkeit schließt hier wie auch anderwärts die Informationspflicht ein.

In dieser Hinsicht sind wir der Tradition gegenüber in einer objektiv anderen Lage, die es unmöglich macht, die Gebete der vorindustriellen und anders informierten Gesellschaft zu übernehmen. Daß wir sie nicht »einfach« übernehmen können, schließt aber keineswegs aus, daß wir sie »dialektisch« übernehmen: Auf der Basis unserer heutigen Information gesprochen, gehört vor dem Hintergrund unseres eigenen Nachdenkens, gewinnen die alten Texte gerade einen neuen Ernst. Gerade wenn wir durch Information neuen Stand in unserer eigenen Welt gewonnen, ein Stück Selbstformulierung gefunden haben, dann können wir auch der Sprache der Väter erlauben, uns zu helfen. Die Basis der Selbstformulierung aber ist die Information, und wir sollten es uns im öffentlichen, politischen Gebet nicht mehr erlauben, zu beten, ohne informiert zu sein. Anstelle des großen Sammelsuriums von vielerlei Leid und Unrecht, das viele überkommene Fürbittengebete füllt, sollten einige wenige Themen treten. Die Konkretion ist der Feind der magischen Er-

24

wartung, weil sich in der politischen und gesellschaftlichen Konkretion der eine Wunsch des Gebets in mehrere, nacheinander vollziehbare Schritte auflöst. Am Beispiel des Gebets für die Hungernden durchdekliniert, hieße das dann möglicherweise so: »Bewahre uns vor politischer Resignation. Laß uns nicht aufhören, politisch und privat die Wahrheit über die Hungernden und von uns Ausgebeuteten zu sagen. Vergib uns nicht, solange wir ihnen nicht vergeben und sie dafür bestrafen, daß sie schwarz oder braun oder gelb sind. Bring uns die Schande zum Bewußtsein, zu den Ausbeutern zu gehören. Gib uns Phantasie für den Kampf gegen das Unrecht in unserem Land. Laß uns mit allen Gruppen zusammenarbeiten, die zugunsten der Hungernden den Rüstungsetat senken wollen.«

Mit solchen Versuchen der politisch-theologischen Selbstformulierung fangen wir heute erst an. Was diese Art des Betens kennzeichnet, ist nicht die passive Erwartenshaltung, die darauf hofft, daß uns der Friede »verliehen« wird wie gute Ernte oder Gesundheit, sondern eine Art Kooperation mit Gott. Daß der Mensch der Mitarbeiter Gottes sei, der cooperator Dei, hat Luther im Rückgriff auf Paulus noch gewußt; in der protestantischen Tradition ist es mehr und mehr verdrängt worden und hat einem anthropologischen Pessimismus Platz gemacht, der dem Menschen nichts zutraut und ihn daher an vorgegebene Ordnungsmächte, wie die Obrigkeit oder im Neuluthertum die sogenannten Schöpfungsordnungen, ausliefert. Diese Menschenverachtung, die sich mit der theologischen Lehre von der Erbsünde tarnt, hat dem Gebet alle Kraft genommen und es vielfach zur bloßen Ohnmachtsformulierung erniedrigt; es spricht häufig nicht mehr den Entwurf der Menschen, ihre Tendenz, ihren realitätsbezogenen Wunsch aus, sondern nur noch ihre Ergebenheit, ihr Sich-Fügen, ihre Geduld. Die sozialpsychologische Funktion eines solchen Gebets ist dann die

Anpassung an die bestehenden Verhältnisse, nicht ihre revolutionäre Transzendenz.

Ein christliches Gebet sollte aber ein Stück Auferstehung realisieren und nicht in einem Zustand vor Ostern verharren. Wir erwarten nicht mehr Wunder von außen im Gebet, weil wir selber in das Wunder der Veränderung einbezogen sind und im Gebet unsere Zukunft vorwegnehmend formulieren. Entprivatisiert und politisch geworden ist das Gebet dann, wenn wir uns ausdrücklich mit den Schmerzen und Hoffnungen der Menschen, mit denen wir leben, identifizieren. Wir sprechen diese Schmerzen und Hoffnungen, diesen Hunger nach dem Reich Gottes aus als das, »was uns unbedingt angeht« (Tillich). Wenn das gelingt, dann ist Gott in dem, was uns unbedingt angeht, gegenwärtig, und zwar unabhängig von der Nennung seines Namens. Daß Menschen ihren Hunger nach dem Reich Gottes aussprechen, das ist Beten.

Nicht Formalien wie die Anreden, die Bitten, die Du-Form, das Amen am Schluß machen ein »nur menschliches« Reden zum Gebet. Das formalistische Mißverständnis des Gebets ist vielleicht ebenso schrecklich wie das magische. »Gottesdienst« nennen die Formalisten nur das, worin die genannten grammatischen Formalien erscheinen; darum sind einige der »Politischen Nachtgebete« in Köln für die Kirchenleitungen mehr Gottesdienst als andere, denen sie den Titel aus formalen Gründen verweigern möchten. Es ist ihnen noch nicht aufgefallen, daß eine Klage, die kein Du mehr anspricht, genauso wie ein Lob, das sich ganz in das Gelobte hineingibt, »Gebet« sein kann. Ob sich das Gebet als Anrede darstellt oder nicht, das ist ihnen zum Entscheidenden geworden, und das, was sie dabei bewahren und vor Auflösung in die Welt schützen wollen, nämlich die Instanz, das Gegenüber, vor dem sich Menschen in dem, was sie unbedingt betrifft, formulieren, das geht gerade dort verloren, wo es in einer grammatischen Kategorie dingfest gemacht werden soll. Ob der Adressat eines Gebetes Gott ist – oder die illusionistische Projektion der eigenen Wünsche –, das entscheidet sich an den Inhalten, nicht an den Formen oder an der überkommenen Sprache. Gott ist dort mißverstanden, wo sein Handeln gegen das der Menschen und seine Erkenntnis gegen das Verständnis der menschlichen Psyche ausgespielt wird. Die Kooperation, die das wirkliche Gebet ausdrückt, braucht sich von solchen scholastischen Unterscheidungen nicht anfechten zu lassen. Die Entgegensetzung von Psychologie und Glauben ist ebenso unfruchtbar wie die von Aktivität Gottes und Aktivität des Menschen. Wenn Gottes Sache im Gebet wirklich unsere Sache wird, so geschieht dies *extra me*, nicht aus meinem guten Willen heraus, sondern in der Gesellschaft und unter den Menschen, mit denen ich lebe.

Das entprivatisierte Gebet ist Gebet erwachsener Menschen; es hat die Erwartenshaltung der Magie, den Traditionalismus und den Formalismus überwunden. Im Gebet übernimmt der Mensch die Verantwortung für das Kommen des Reiches Gottes, und zwar auch in dem Gebet, das individuelle Nöte, Sorgen oder Glück formuliert. Die entscheidende Frage ist dabei, ob dieses Gebet den Menschen auf sein Ich konzentriert oder ob es ihn aufschließt für die Welt. In diesem Sinn läßt sich sagen, daß ein Gebet ohne gesellschaftliche Konsequenzen eine Heuchelei darstellt. Christlich gedacht kann es kein Gebet geben, das außerhalb des »Dein Reich komme . . .« stünde. Gott will auch das Individuum nicht retten oder befreien wie den Robinson auf eine Insel.

Für einen politischen Gottesdienst, wie er in Politischen Nachtgebeten an verschiedenen Orten erprobt wird, bedeutet diese gesellschaftliche Konsequenz des Gebetes zweierlei. Einmal: Die Beter identifizieren sich mit dem Problem und sodann mit der Tendenz der politischen Entscheidung. Sich mit dem Problem, zum Beispiel der Gastarbeiter, des Strafvollzugs, der Lehrlinge und Schüler, der Patienten und Alten in unserer Gesellschaft, um nur einige Themen zu nennen, zu identifizieren kann nur heißen, daß wir unsere Schuld an den Zuständen übernehmen. Sünde, verstanden als der Mangel an weltverändernder Liebe, wird durch die Information in einem solchen Gottesdienst bewußtgemacht. Beten heißt dann auch: sich als Mitschuldigen identifizieren. In einem Politischen Nachtgebet über Städteplanung und Bodenrecht hieß es in der Meditation: »Aber nicht anders sind wir, deren Wunschtraum das Reihenhaus ist mit dem eigenen Garten ... die wir große Macht ruhig ertragen, solange wir eine kleine für uns erhoffen ... Laßt uns doch unsere kleine Hoffnung eintauschen gegen eine gemeinsame große, die unsere Erde bewohnbar macht für uns alle.«

Im Gebet identifizieren sich Menschen aber auch mit der Tendenz einer politischen Entscheidung, die aus dem Evangelium heraus gesucht wird. Das Evangelium gibt für heutige politische Zeitfragen keine direkte Anweisung, was eine Entmündigung der Menschen und somit das Gegenteil von Evangelium wäre. Wohl aber gibt es sehr konkrete Hinweise, in welcher Richtung wir denken sollen und welche Tendenz der Utopie Jesu entspricht. Unwiderruflich bleibt der christliche Ansatz bei den Unterdrückten und Ausgebeuteten, die in verschiedenen Gesellschaften und Zeiten ganz andere Gruppen sein können. In der kapitalistischen Leistungsgesellschaft zählen alle dazu, die weniger oder noch nichts oder nichts mehr leisten. Diese Ausgangsfrage nach den jeweils Beschädigten muß im politischen Gebet festgehalten werden. Was ihnen mehr an Gerechtigkeit und Befreiung verspricht, das kommt der Sache Jesu näher. Diese Sache braucht immer wieder und immer wieder aufs neue Formulierung, und zwar die Formulierung aller, die an dieser Sache beteiligt sind. Darum rücken im Politischen Gottesdienst Diskussion und Gebet, die früher einander ausschließende genera dicendi waren, näher aneinander; auch die Diskussion geschieht coram Christo und gehört in die Sprache des Gebets hinein, weil sie wie diese provoziert, aufdeckt und verspricht. Indem somit Gott Sprache für Menschen wird, ist es für Menschen etwas möglicher, Menschen zu werden.

Schuld — ein sinnloses Wort?

Schuld und erst recht Sünde sind veraltete Wörter, die sich in ihrer Bedeutung immer mehr auflösen. Schon ein flüchtiger Blick in die Geschichte zeigt, wie sehr sie dem historischen Wandel unterworfen sind: Es gab Zeiten, da hielt man Krankheit für eine Schuld, an der sich die Strafe Gottes zeige; in anderen Zeiten wurde der sexuelle Trieb als böse, niedrig oder teuflisch eingestuft; in den calvinistischen Ländern galt Armut nicht nur als Schande, sondern auch als Schuld. Krankheit, Sexualität, Armut — wir können heute die Phänomene nicht mehr kurzerhand als Schuld erklären, die der Mensch bei Wohlverhalten vermeiden kann: Die Wissenschaften vom Menschen belehren uns vielmehr genauer darüber, wie es mit der vermeintlichen Freiheit in diesen Dingen aussieht, und man könnte die Geschichte dieser Humanwissenschaften als eine große Entschuldigungsgeschichte der Menschheit auffassen, in deren Verlauf auch das Verbrechen, die Abartigkeit und schließlich jedes Verhalten von Menschen immer mehr den Charakter der Schuld verliert. Aus dem Bösen wird nach Konrad Lorenz das sogenannte Böse, das bestimmten Gesetzen der Aggressionsabfuhr folgt, und anstatt Schuld aufzudecken und anzuklagen, haben wir Techniken gelernt, Schuld zu erklären und abzuschwächen, zu verkleinern und schließlich ganz auszuschließen. Am deutlichsten läßt es sich vielleicht an der Entwicklung des Rechts klarmachen, wie der ursprünglich theologische Begriff von einer Schuld, die zu sühnen ist, immer mehr zurückgedrängt worden ist. Statt dessen sprechen wir von sozialer Erkrankung, die durch Resozialisierung, Wiedereingliederung in die Gesellschaft, behoben werden soll.

Niemand kann im Ernst daran denken, diese Entwicklung zurückzudrehen und Schuldkategorien dort wieder einzuführen, wo sie besserer, rational begründeter Einsicht gewichen sind. Das Gericht kann den Kindermörder Jürgen Bartsch nicht verurteilen, ohne medizinische und psychologische Gutachten angehört zu haben. Der Leiter einer Schule kann ein Kind, das lügt oder stiehlt, nicht einfach »schuldig« sprechen und strafen, ohne den Psychologen zu fragen, was die Ursachen des Verhaltens sind. Die Institutionen – wie Kirche oder Schule – neigen dazu, alles, was ihre Ordnung stört, was abweicht, als »Schuld« anzusehen. Die Wissenschaften aber nehmen ihnen diese Unbefangenheit. Nicht weil sie den Menschen grundsätzlich als schuldloses Opfer der Verhältnisse oder der innerseelischen Zwänge ansähen, wohl aber weil sie genauer differenzieren und unterscheiden können, wo Schuld entsteht und wo nicht. Es geht den Humanwissenschaften nicht darum, das Gewissen der Menschen abzuschaffen, sondern sie stellen durch die genaue Untersuchung heraus, wie abhängig Menschen sind. Erst wenn das anerkannt ist, kann sich Gewissen neu bilden. Gerade wenn einem im Ernst daran liegt, den Menschen als schuldfähig zu denken, dann kann man sich nicht auf bestimmte Punkte versteifen, die gegen den großen Trend der Entschuldigungsgeschichte festgehalten werden. Wir können nicht die Homosexualität weiterhin mit Schuldgefühlen belasten, nur um an irgendwelchen Materialien das Bewußtsein von Recht und Unrecht, Schuld und Verfehlung noch festzumachen. Es kommt also nicht darauf an, gegen die Verhaltensforschung oder die Psychologie bestimmte Inseln der Schuldfähigkeit des Menschen zu verteidigen, sondern darauf, das ganze Leben des Menschen unter die Kategorien von Schuld und Versöhnung, von Zerstörung des Lebens und Befreiung zu bringen, und zwar unabhängig von den Institutionen, die die Schuldgefühle der Menschen benutzen, um ihre Herrschaft zu sichern. Nicht das Recht stellt Gewissen her, und die Enzyklika, die die Pille verdammte, hat vielleicht Skrupel und falsche Ängste erzeugt, aber bestimmt nicht das Gewissen von Menschen dem Nächsten gegenüber sensibler gemacht. Es ist notwendig, diese falschen Ängste abzubauen, damit sich der Mensch als verantwortlicher Autor seiner eigenen Taten begreifen kann. Das Ziel der Aufklärung über den Mensch ist nicht ein angepaßtes Wesen, das ohne Schuldgefühl und möglichst ohne Gewissen lebt und reibungslos funktioniert, sondern der ich-fähig gewordene Mensch, der eben, weil er erwachsen ist, auch als schuldfähig angesehen werden muß und der sich selbst als schuldfähig ansieht.

Es ist darum kein Gegensatz zur psychoanalytischen Erkenntnis, wenn wir die Frage nach der Schuld noch einmal aufnehmen, und zwar theologisch, das heißt, indem wir sie im Zusammenhang der christlichen Tradition diskutieren. Ist die Entschuldung des Lebens tatsächlich alles, was wir heute auf Grund wissenschaftlicher Erkenntnis zu sagen wissen? Ist damit wirklich alles erklärt, haben wir mit den sozialen und psychologischen Ursachen auch die Folgen erfaßt, oder richtiger: Sind die vermeintlichen Erfahrungen von Schuld nur die Funktionen bestimmter erkennbarer und steuerbarer Mechanismen?

Genügt es, von einem Denunzianten der Nazizeit zu sagen, daß er in einer frommen Schule zum Untertan erzogen wurde oder daß er in bestimmten Erregungssituationen stotterte? Genügt es, zu sagen, daß er um die Existenz seines kleinen Ladens kämpfte, als er den Nachbarn wegen eines politischen Witzes anzeigte? Gewiß sind alle diese Daten, der psychosoziale Hintergrund, wichtig, um das Verhalten zu erklären, aber wie erklären sie es? Man kann die Wahrscheinlichkeit eines solchen Verhaltens unter bestimmten Umständen berechnen. Damit gibt man eine statistische Erklärung. Über diese – nicht streng kausale, sondern funktionale – Beziehung hinaus geben die Hinweise nichts her. Darum befriedigen sie uns nicht, und zwar desto weniger, je näher uns der Mensch steht, um den es sich handelt, je weniger Distanz wir von ihm haben. Am wenigsten können sie uns befriedigen, wenn es sich um uns selbst handelt.

Die christliche Tradition sieht den Menschen als schuldfähig an, ja sie erkennt seine Würde darin, daß er schuldig werden kann. Weil er schuldig werden kann, ist er ein Mensch, und nur solange er schuldig werden kann, ist er im vollen Sinn des Wortes ein erwachsener Mensch. Wenn er nur nach bestimmten, ihm vorgegebenen Gesetzen funktioniert, so tritt er sozusagen zurück in die Unschuld des Tieres. Es liegt schon eine ungeheure Verachtung darin, von jemandem zu sagen: »Laß ihn, er kann nicht anders.«

Man könnte nun darüber streiten, ob diese christliche Behauptung, daß der Mensch seine Würde gerade in seiner Schuldfähigkeit habe, wahr ist. Es könnte ja auch umgekehrt sein: Wenn wir es als unmöglich empfinden, uns einfach auf unsere Anlagen, unser Milieu und unsere Erziehung zu berufen und uns damit zu entschuldigen, so könnte das gerade ein Produkt der christlichen Erziehung selber sein, die wir, wie abgeschwächt auch immer, erhalten haben, einer Erziehung nämlich, die – nach der positivistischen Meinung – in uns übertriebene Ansprüche pflanzt, indem sie Kategorien wie Schuld überhaupt zur Geltung bringt. Man könnte, wie gesagt, über diese Frage streiten, aber ich befürchte, daß sie sich argumentativ nicht lösen läßt, sondern eine Entscheidung fordert. Wie sie ausfällt, hängt davon ab, wie hoch wir vom Menschen denken, wie wir seine Würde veranschlagen. »Übertrieben«, nämlich über ein vernünftiges Mittelmaß hinausgehend, sind in der Tat alle christlichen Ansprüche des Menschen an sich selber, seine Hoffnungen ebenso wie seine Klagen, Schmerzen und Ängste. Ästhetisch betrachtet ist die Kategorie des Christentums in der Tat die Übertreibung: Es ist übertrieben, eine Panne als Schuld oder als Sünde anzusehen; es ist übertrieben, in das Paradies zu wollen, statt sich mit den Angeboten der Touristikunternehmen zu begnügen; es ist übertrieben, den Nächsten zu lieben, wenn Rücksichtnahmen und Einhalten der Spielregeln doch auch genügen. Übertrieben ist es, Geliebtwerden und Liebenkönnen als »Himmel«, Hassen dagegen als »Hölle« zu beschreiben. Die allergrößte Übertreibung aber, die sich das Christentum erlaubt hat, liegt im Begriff der Sünde, weil es hier die einigermaßen verrückte Behauptung aufstellt, daß wir auch an den Dingen schuldig sind, an denen wir uns nicht beteiligt haben, an dem Leiden anderer Menschen, das wir nicht verursacht haben. Immerhin, so meint der christliche Glaube, haben wir es nicht verhindert, daß es dem anderen so ergeht, und immerhin gibt es eine Solidarität, in der jeder für jeden verantwortlich ist.

Es sind, in der Tat, unsere Brüder, die wir in Brasilien oder Kalkutta verhungern lassen. Man kann das natürlich auch weniger übertrieben ausdrücken, aber der Satz enthält eben in der Übertreibung ein theologisches Urteil, er erzählt nicht nur etwas oder informiert über etwas, sondern er legt aus und beurteilt, was ist: Menschen legt er als Brüder aus, und Tote als Getötete. Verhungern wird angesehen unter der Perspektive: verhungern lassen oder sich an der Armut der anderen bereichern, und schreckliches Schicksal schließlich wird gedeutet als Folge eines Wirtschaftssystems, das dafür sorgt, daß die Armen immer ärmer und die Reichen immer reicher werden. Es sind unsere Brüder, die wir verhungern lassen . . .

Was Schuld sei oder Sünde (die Unterscheidung zwischen beidem scheint mir spitzfindig, man kann sie fortlassen), muß im Rahmen dieser Übertreibung gedacht werden. Es gibt einen Maßstab für Schuld, der ebenso übertrieben ist, nämlich die Liebe. Dieser Maßstab ist unbedingt und unendlich; wer immer sich auf ihn einläßt, der findet sich als Schuldigen vor. Wir haben nie genug geliebt. Nur wer weiß oder ahnt, was Liebe ist, sein könnte und wie eine Welt aussähe, in der Liebe sichtbar wäre, der kann verstehen, was Schuld ist und warum wir nicht aufhören können, den Mangel an Liebe als die einzige, aber zugleich allgemeine Schuld anzusehen. Und gibt es jemanden, der nicht wüßte oder ahnte, was Liebe ist, wie sie tut und wie eine Welt aussehen könnte, in der sie sichtbar würde?! Der Maßstab ist allgemein. Jeder Leidende ist unser Bruder – und jeder klagt uns an. Wir können zwar die Liebesunfähigkeit eines Menschen auf seine Erziehung und auf die gesellschaftlichen Umstände zurückführen, aber damit haben wir nur die Sache konsequent an uns selber weitergegeben: *Wir* haben ihn zu dem gemacht, der er nun ist. Wir haben niemanden daran gehindert, ihn zu dem zu machen, der er nun ist. Wir haben die Verhältnisse befürwortet oder doch zugelassen, die Menschen kaputtmachen. Wir haben geschwiegen. Am Leiden anderer erwacht unsere Scham darüber, glücklich zu sein, und über das Mitleiden hinaus fühlen wir uns mitverantwortlich, ja mitschuldig, auch dann, wenn der Zusammenhang zwischen unserem Glück und dem Unglück des anderen nicht kausal deduziert oder unmittelbar klargemacht werden kann. Dieser Zusammenhang ist allerdings leicht herzustellen, sobald unser Gewissen auch nur ein wenig politisiert ist. Und das Gewissen politisieren heißt es verchristlichen. Dann wissen wir wieder etwas von der Solidarität aller Menschen miteinander, dann finden wir zu der Sensibilität Christi hin, die die Schmerzen der anderen als die eigenen erfährt. Dann sind entfremdete Arbeit und Neurotisierung der kleinen Familie im Neubauviertel nicht mehr zufällige

Schicksalsschläge, an die sich die Leute im Lauf der Zeit schon gewöhnen werden, sondern sie werden gerade da, wo sie uns nicht selber betreffen, zu unserer Sache, weil sie die Sache unserer Gesellschaft sind. Schuld ist dann jedes vermeidbare Leiden – und zwar Schuld aller, Schuld hört auf, etwas Privates zu sein, das ein Mensch im wesentlichen allein und für sich begehen kann. Die Wahrheit des Begriffs der Sünde erschließt sich in der politischen Dimension. Wenn Brecht sagt, »daß alle Kreatur Hilfe braucht von allen«, so bedeutet das, daß die verweigerte Hilfe Sünde ist, eben die des Einverstandenseins mit den bestehenden Zuständen. Sünde ist Kollaboration.

Vergebung der Sünden

In jedem Gottesdienst sprechen wir davon, daß wir an die Vergebung der Sünden glauben. Aber wie sieht das in der Wirklichkeit aus? Wo findet das statt? Und unter welchen Beteiligten?

Lassen Sie mich mit zwei Beispielen beginnen und Ihnen von zwei Menschen erzählen, die ich kenne. Das erste ist eine Frau aus der DDR, die lange Zeit in sehr gedrückten Verhältnissen lebte. Ihr Mann wandte sich bald nach dem ersten verlorenen Krieg den Nazis zu, und sie ließ sich zunächst zögernd, infolge des wirtschaftlichen Aufschwungs aber mehr und mehr, von ihm überzeugen und war, als ihr Mann es schließlich mit Hilfe des Parteibuchs zum Bürgermeister einer kleinen Stadt in Thüringen gebracht hatte, eine gute Nationalsozialistin, wie sie es nannte.

Diese Frau hat die letzten 15 Jahre ihres Lebens in Westdeutschland verbracht und, soweit man das von einem Menschen sagen kann, umdenken gelernt in einem Prozeß, der für sie schmerzhaft und beschämend war, bei dem ihr Bildung, Reisen oder andere Ablenkungen wenig helfen konnten, da sie ein Rentnerdasein führte. Sie trat wieder in die Kirche ein, sie revidierte viele politische Vorurteile anderer Rassen gegenüber, und die Menschen, die sie kannten, hatten den Eindruck, die Sache sei verwunden, wenn auch nicht vollständig. Auf ihrem Sterbebett in den Phantasien der letzten Tage kam allerdings einiges, was sie sehr verschlossen in sich trug, zum Vorschein: Sie erlebte den Einmarsch der Roten Armee und

39

die Angst, in ein Lager zu kommen, noch einmal. Dabei wiederholte sie immer wieder den Satz: »Ich hab' es doch nicht gewußt, ich hab' es doch nicht gewußt, das mit den Juden.«

Und Gott? werden Sie sagen. Der Prozeß war nicht oberflächlich, und die Menschen, mit denen sie lebte, zeigten ihr Bilder von Bergen-Belsen und erklärten ihr die Zusammenhänge von Autobahn und Aufrüstung. Gerade darum kann man vielleicht sagen, daß ihr nichts geschenkt worden ist, und wenn ihr vergeben worden ist – aber es sah eigentlich nicht so aus –, dann hat sie jedenfalls nicht viel davon gehabt.

Der andere Fall ist ein Universitätsprofessor, der ebenfalls überzeugter Nazi war und von dem ich auch sagen würde, daß er bereut hat, seine Gedanken, seine Worte und Lehren. Seine Versuche, nach dem Zusammenbruch neu anzufangen, sind gescheitert; was den meisten glückte, die lästige Vergangenheit auszulöschen, hat er, weniger clever als die Kollegen, nicht geschafft. Wo sein Name auftauchte, da dachte man an seine früheren Äußerungen, und auch in ganz apolitischen fachlichen Aufsätzen witterte man den Nazigeist. Der Bruch, den dieser Mann erlebt hat, hat ihn zwar weit sensibler gemacht als die andern, die glatter durchkamen, und ich würde ihn heute für weniger faschistisch halten als viele seiner der christlichen Partei nahestehenden Kollegen, aber die Gesellschaft, in der er lebt, hat ihn zu einem Outcast gemacht, weil sie kaum Rehabilitierung kennt und gewiß keine Vergebung der Sünden.

In den sozialistischen Ländern gibt es in den Kollektiven, also unter den Menschen, die miteinander arbeiten, Anklage und Verteidigung, Selbstkritik und Parteiausschluß, Sühne, Strafe und Wiederaufnahme in die Gruppe. Die Gesellschaft hat sich dort, ähnlich wie in den alten Klöstern, Instrumente geschaffen, die dazu dienen, den Verirrten und Schuldigen einen neuen Anfang zu ermöglichen. Ich weiß, daß diese Instrumente fast nur mißbraucht werden und daß es uns darum schwerfällt, in ihnen die alten Strukturen von Bekenntnis der Sünde, Reue, Lossprechung und Buße wiederzuerkennen, aber in einer Gesellschaft, die für ihre Schuldigen außerhalb der Rechtswege nur das erstickende Schweigen kennt, scheinen mir diese Ansätze der Sozialisten sehr nachdenkenswert. In unserer Gesellschaft bleibt die Schuld unaufgearbeitet, und das heißt, daß Vergebung unmöglich gemacht wird. Aber Gott? werden Sie sagen. Kann er nicht der einfachen Frau und auch dem Professor vergeben, was sie gedacht und gesagt und unterstützt haben? Offen gesagt kann ich mir nicht vorstellen, wie Gott hinter dem Rücken von Menschen vergeben soll. Sie kennen alle den Vers aus der Bergpredigt, wo dem, der sich die Vergebung erschwindeln wollte, indem er in den Tempel geht und seine Opfergabe zum Altar bringt, sich also direkt an Gott wendet, gesagt wird: Laß deine Gabe vor dem Altar, und geh zuerst hin und versöhne dich mit deinem Bruder, und dann komm und bring deine Gabe her (Matthäus 5,24). Was soll Gott da machen? Wenn hier in diesem Raum ein Mann oder eine Frau ist, deren Angehörige von den Nazis, also vielleicht von meinen Angehörigen, ermordet worden sind, kann ich mich dann an Gott wenden, daß er das in Ordnung bringt? Kann er da von oben eingreifen und Frieden stiften, wo keiner sein kann, weil Blut und Tränen und zerstörtes Leben dazwischen sind?

Ich glaube, die Frage nach der Vergebung ist für uns heute so schwierig geworden, weil wir Sünde nicht nur privat, als etwas zwischen vielleicht zwei einzelnen oder innerhalb einer Familie verstehen. Sünde ist für uns ganz wesentlich ein politischer, ein gesellschaftlicher Begriff, es sind die Sünden meines Volkes, meiner, der weißen Rasse, meiner, der bürgerlich-besitzenden Klasse, an die mich Jesus Christus erinnert und die ich mir von ihm sa-

41

gen lasse. Ich lebe in einem Land, wo es bestimmte Medikamente und Heilungsmethoden nur für die Angehörigen bestimmter Klassen gibt. Wenn ich eine Zigarette rauche, habe ich schon wieder die Bundeswehr unterstützt. Wenn ich eine Banane esse, helfe ich der United Fruit Company, die lateinamerikanischen Arbeitssklaven auszubeuten. Neben mir stehen Menschen unter dem Leistungsdruck unserer Gesellschaft oder werden magenkrank oder gleich neurotisch, weil sie es nicht mehr aushalten – und ich stehe dabei und mache weiter mit. Kinder führen in Westdeutschland die Liste der Verkehrstoten an, aber es gibt keine öffentlichen billigen Verkehrsmittel, und die Autoproduktion steigt und steigt. Bin ich daran schuld? werden Sie fragen. Was habe ich denn damit zu tun? werden Sie sagen. Habe ich denn das gewollt? Aber Christus läßt uns nicht so einfach herausschlupfen. Sünde, das hat er uns beigebracht, auch wenn wir es gern vergessen, das ist der Zustand unserer Welt, der uns anklagt, es sind schon *unsere* Toten in den Slums von Brasilien, weil wir an ihnen verdient haben und es uns auf ihre Kosten so gut geht. Das sind nicht Naturkatastrophen oder rätselhafte Wirtschaftsgesetze, sondern das ist genau das, was die christliche Tradition meint mit dem Wort Erbsünde. Das heißt, wir stehen in einem Zusammenhang von Unfähigkeit und Schwäche, von Hoffnungslosigkeit und Bosheit, den wir nicht selbst gemacht haben, aber mittragen und miterhalten. Wir sind Kollaborateure der Sünde. Wenn wir also fragen: Was kann ich dafür? Was geht es mich an?, dann gibt es für einen Christen, wie theistisch oder atheistisch er auch sei, nur eine einzige Antwort, die heißt: Ja, ich bin das, das ist meine Sache, unsere Sache. Das ist unsere Welt, an der wir mitbauen.

Aber Gott? werden Sie sagen. Können wir ihn nicht um Vergebung bitten? Ist er nicht größer als unser Herz, das uns verklagt? Verzeiht er nicht, und richtet er uns

42

nicht auf? Ich habe in einigen Gesprächen mit Juden etwas gelernt, was ich den jüdischen Ekel an der christlichen Vergebung nennen möchte. Eine sehr präzise Empfindung dafür, wir rasch das bei Christen geht, wie schnell sie ihren Gott aus der Tasche ziehen – und alles ist wieder gut, wie verbal das bleibt gerade bei Protestanten, wenn sie Reue sagen oder »verzeih mir«, wie verlogen. Die Juden haben demgegenüber eine Art Stolz. Sie winseln nicht – und ihr wichtigstes Wort für unsere Sache ist nicht Vergebung, sondern Umkehr.

Vielleicht ist es eine Ketzerei, aber ich kann mir einfach unter Vergebung nichts vorstellen, wenn sie ohne die Menschen, die ich beleidigt habe, geschieht. Gott vergibt nicht hinter dem Rücken von Menschen. Vergaste können nicht vergeben. Verhungerte können nicht mehr vergeben. Menschen, die – mit meiner Hilfe – um ihr Leben betrogen worden sind, bitter Gewordene, Neurotiker, Zerstörte, sie können nicht vergeben. Und ein Gott, der das dann für sie mit mir abmacht, für den möchte ich mich eigentlich bedanken. Der verachtet ja die, die schon genug verachtet worden sind, noch einmal, indem er ihnen auch noch das Recht, selber zu vergeben, wegnimmt.

Ich glaube also nicht an die Art von Vergebung, die von oben kommt, ich möchte hier unten gern vergeben bekommen, und wenn das nicht geht, dann soll dieser Gott seine Vergebung für sich behalten. Aber der Gott, den die Bibel meint, ist auch nicht »der-Gott-da-oben«, der alles, was wir versiebt haben, in Ordnung bringt. Was er uns anbietet, ist nicht diese billige Tour, uns mit ihm zu arrangieren. Ein jüdischer Lehrer hat einmal gesagt: »Die große Schuld des Menschen sind nicht die Sünden, die er begeht – die Versuchung ist mächtig und seine Kraft gering! –, die große Schuld des Menschen ist, daß er in jedem Augenblick die Umkehr tun kann und nicht tut« (Rabbi Bunam, in: M. Buber, Die Erzählungen der Chassidim. Zürich 1949, 755). Umkehr ist vielleicht ein klareres

Wort für Vergebung. Daß mein Leben trotz der Sünde, in der ich bin, Sinn hat, das kann sich nur in Umkehr erweisen. Tatsächlich ist es so, daß wir, um Vergebung der Sünden zu erfahren, eine Gruppe von Menschen brauchen, die uns den Wiederanfang ermöglichen, oder zumindest Partner, Mann oder Frau oder Freunde, die uns annehmen, wie wir sind, die uns unsere Reue glauben und die uns Umkehr zutrauen. In der alten Kirche war dieser soziale Ort der Vergebung die christliche Gemeinde, die den einzelnen kritisierte und freisprach. Die beiden Menschen, von denen ich zu Anfang erzählte, waren ziemlich allein. Gerade aber das bedeutet, daß sie keine Chance der Umkehr hatten und deswegen der Vergebung, die ihnen zum Beispiel ein Pfarrer zusprechen konnte, nicht gewiß wurden. Ihr Bewußtsein von Sünde war ernsthafter, als daß es in unseren unverbindlichen Formen kirchlichen Lebens hätte aufgearbeitet werden können. Umkehr ist mehr als Vergebung, weil sie die Zukunft einbezieht. Umkehr ist, glaube ich, das einzige, was auch den Toten noch imponiert. Sie sind dann wenigstens nicht umsonst gestorben. Sie haben etwas davon, wenn das, woran sie krepierten, nicht wieder vorkommt. Umkehr ist ein neues Herz bekommen und noch einmal probieren dürfen. Das kann ich mir nicht allein besorgen oder machen, dazu brauche ich andere Menschen – und wenn es einen Sinn hat, von Gott zu sprechen, dann niemals außerhalb unserer Welt, dann niemals hinter dem Rücken anderer Menschen. Gott will nicht, daß wir die Welt verlassen und einfach zu ihm laufen wie ein Kind zu seinem Vater. Er will den großen Umweg von uns und die Umkehr, die wir »in jedem Augenblick tun können«, wenn wir sie miteinander tun. Wie der Prophet sagt: »Und ich werde euch ein neues Herz geben und einen neuen Geist in euer Inneres geben, euer steinernes Herz wegnehmen und euch ein Herz von Fleisch geben« (Hesekiel 36,26). Amen.

Nur wer frei ist, kann Buße tun

Johann, Sohn einer frommen Familie in einer pietistischen Gegend in Hessen, erzählte einer Freundin von mir folgende Geschichte. Er war 1940 zur Feldpolizei abkommandiert und nach Paris verlegt worden. Eines Abends fuhr er mit einem Kameraden in der Metro, sie hatten keinen Dienst. Der Freund, so erzählt Johann, kommt auf den Gedanken, »zum Spaß mal« eine Paßkontrolle zu machen. Sie lassen sich die Ausweise der Passagiere zeigen und finden einen deutschen Soldaten, der sich einige Wochen bei einer Freundin versteckt gehalten hat. Er fleht sie an, ihn doch laufen zu lassen, morgen endlich soll er einen Ausweis bekommen. Auch hat er gemerkt, daß sie ohne Dienstbefehl handeln. Aber Pflicht ist Pflicht, so erzählt Johann, und in Polen hat man ja auch so manches gesehen, was man lieber nicht gesehen hätte – kurz, sie übergeben den Deserteur dem Kriegsgericht, das ihn zum Tode verurteilt.

Das Wort »Buße« kommt in Johanns Geschichte nicht vor, es gehört zu den älteren, aus dem Gebrauch fast verschwundenen Begriffen, an denen besonders die religiöse Sprache reich ist; in anderem, kirchlichem Zusammenhang benutzt Johann dieses Wort durchaus noch, es ist wahrscheinlich, daß er heute morgen den Bußtagsgottesdienst in seinem Dorf besucht hat. Ferner kennt er »Buße« aus der Zusammensetzung mit Geld, das vor dem Jugend- und vor dem Verkehrsrichter eine Rolle spielt. Der Sinn dieser Sache ist allerdings unkenntlich geworden, Buße wird bei uns verwechselt mit Strafe. Das

Bußgeld, das ich bei falschem Verkehrsverhalten zu zahlen habe, ist eigentlich eine Strafe, nur in milderer, weil nicht eingetragener Form. Der alte Sinn des Wortes ist damit zerstört: Es macht für uns keinen Unterschied, ob wir von jemand anderem eine Strafe auferlegt bekommen oder ob wir uns aus freien Stücken, aus der Erkenntnis von Schuld, selber eine Buße zubilligen. Daß es bei der Buße wir selber sind, die handeln, und daß die Sache so gemeint war, daß Menschen in einer Art Selbstgericht ihre Reue sinnfällig machen, und zwar in einer Art und in einem Ausmaß, das sie selber bestimmen, das ist lang vergessen.

Der Hauptmann Defregger hat gemeint, ihn erwarte keine Strafe; darum hat er auch keine Buße getan. Die Rechtslage schien ihm eindeutig; seine Reue, wenn man diesen Ausdruck benutzen darf, war nur auf Gott bezogen und hatte mit den Leuten in Filetto nichts zu tun. So konnte er nach dem Krieg Weihbischof werden, ohne die Nötigung zu empfinden, Buße zu tun. Zwischen einer religiösen und ganz innerlichen Angelegenheit »Reue« und einer durch Gesetze geordneten rechtlichen Angelegenheit »Strafe« gab es für ihn kein Drittes, das den Namen »Buße« verdiente, weil es sinnlich-konkrete, selber gefundene Gestalt der Reue ist. Aber für Defregger fielen Buße und Strafe in eins, weil er innerhalb der beiden Institutionen, die ihn geprägt haben, Militär und Kirche, zur Selbstbestimmung nicht erzogen worden war.

In dem alten Gedanken, daß einer Buße tut, ist die Selbstbestimmung des Menschen vorausgesetzt. Seine Sünde erkennen, bereuen, aussprechen und handelnd wiedergutzumachen versuchen, das sind Tätigkeiten, die uns keiner abnehmen und die auch sinnvollerweise nicht befohlen werden können. Nur wer frei ist, kann Buße tun. Er beugt sich nicht unter etwas, das von außen über ihn verhängt wird, sondern er macht sich, unabhängig davon, welche Strafe ihn erwartet und ob seine Tat überhaupt unter die Gesetze fällt, zu seinem eigenen Richter. Wir können von Buße nicht im Ernst reden, ohne zuvor unsere Vorstellung von der Selbstbestimmung des Menschen geklärt zu haben.

Vielleicht müssen wir zunächst unseren versteckten Zynismus abbauen, der meint, ein Mensch sei ein Wesen, das bestraft werden solle, aber nicht eins, das Buße tun und sich verändern könne. Der schlimmste Zynismus, die konsequente Menschenverachtung, hat in unserem Land tiefe theologische Wurzeln. Immer noch wird mit der Lehre von der Erbsünde ein anthropologischer Pessimismus verknüpft, der dem Menschen keine Umkehr zutraut und der ihn für unfähig hält, sich selber zu bestimmen. Man muß sich klarmachen, daß diese vor allem im Protestantismus verbreitete Irrlehre das Evangelium selber leugnet, weil sie nicht wahrhaben will, was Jesus so beschreibt: »Blinde fangen an zu sehen, Lahme lernen gehen, Aussätzige werden rein, Taube hören, Tote werden lebendig, und die Armen hören die Botschaft« (Matthäus 11,5). Jesus hat die Welt für veränderbar gehalten, und er hat Menschen die Fähigkeit zur Umkehr zugetraut. An das Evangelium glauben heißt an Umkehr glauben und Buße nicht als Fremdbestimmung verstehen, wie es in den mittelalterlichen Kirchenstrafen geschah, aber auch nicht als bloße Dauerreflexion, die keinerlei praktische Konsequenz hat, weil sie gerade die Gestaltungsfähigkeit, den Selbstausdruck, die progressive Phantasie zerstört. Zwischen Jurisdiktion und jenem in sich kreisenden Sündenbewußtsein, das zum Nährboden für Neurosen wird, bleibt die Selbstbestimmung des Menschen allzuleicht auf der Strecke, er verliert mit dem Mut auch die Kraft und die Fähigkeit zur Umkehr, die sich in überschaubaren Schritten des privaten und gesellschaftlichen Lebens versuchen könnte. Johann zum Beispiel hat ein massives protestantisches Sündenbewußtsein; nur der ausgelieferte Deserteur kommt darin nicht vor.

Aber wie weit ist es mit dieser Selbstbestimmung wirklich her? Habe ich denn mein Leben in der Hand? So viele Fragen stellen sich hier und treiben mich in die Enge. Bin ich nicht ein kleines Rädchen in einer Maschine, jederzeit austauschbar? Geht es mir nicht wie Johann in der Metro, der fast ohne Zutun in etwas verstrickt wird, das seinen eigenen Mechanismus entwickelt? Was kann ich denn dafür, daß ich in einem Land lebe, wo es bestimmte Heilungsmethoden, zum Beispiel Psychoanalyse, nur für die Angehörigen bestimmter Klassen gibt? Ist es denn mein Wunsch und Wille, die Bauern in Ghana um 20 Pfennig zu betrügen mit jeder Tafel Schokolade, die ich esse? Produziere ich denn Napalm, oder ist ein Onkel von mir daran beteiligt? Konstruiere ich Autos, die die Luft verpesten und nicht sicher genug sind? Kann ich denn dafür, daß mein Kind in eine Klasse geht mit 51 anderen Kindern, die alle nichts lernen können, weil sie zu viele sind? Habe ich die Pläne für Konzentrationslager mit ausgearbeitet? Verdiene ich an den Kirchensteuern, die mit staatlicher Hilfe von Leuten eingezogen werden, die mit der Sache des Glaubens nichts zu tun haben? Ist es meine Angst, wenn die fünfzigjährige Arbeiterin jedesmal zusammenzuckt, wenn einer von hinten an sie herantritt? Was habe ich denn mit den Magengeschwüren zu tun, die in manchen Großbetrieben unverhältnismäßig viele Angestellte befallen? Ich las von einem Dreher in einer Fabrik, der nur noch vier oder fünf Stunden nachts schlafen kann – ist es meine Schlaflosigkeit? Gehen mich die Neurosen anderer Leute etwas an? Was habe ich damit zu tun? Ist es denn mein Zyklon Beta, meine Mauer, mein Napalm, ist es denn mein Profit, zu dessen Gunsten andere verhungern, und mein Kapital, das die Zölle so hoch hält, daß die Verhungernden niemals herauskommen aus ihrem Elend? Gehört das denn mir – die Säuglingssterblichkeit und die Hungerkrankheiten, das Schreien der Neurotiker und das langsame Eingehen im Büro? Bin ich's? Bin ich's, Herr?

Der christliche Glaube, der so oft schweigen sollte oder nur stammeln kann, gibt auf diese Fragen eine ganz unmißverständliche und klare Antwort. Ja, heißt sie, ich bin's, du bist es. Es ist meine Sache, deine Sache. Alle diese Geschichten, sie gehen dich an. Dein Ich hört nämlich nicht einfach da auf, wo dein Körper und dein Privateigentum zu Ende sind. Es ist nicht das Privatding, zu dem sie es dir verstümmeln wollen. Denn im Glauben lebe nicht ich, das Privatding, sondern Christus lebt in mir. So sagt man. Was haben sich die Leute darunter vorgestellt? Ich will versuchen, es zu übersetzen, weil ich das für das Ergebnis von Buße halte, sagen zu können: Nun aber lebe nicht ich, sondern Christus lebt in mir. Wie kann das zugehen?

Christus kann nur in mir leben, wenn er auch an mir sterben kann. Wir haben die Macht, ihn stumm zu machen, ihn kaputtzukriegen, ihn zu einem kirchlichen Geschwätz zu machen, ihn einzumauern in dogmatische Richtigkeiten. Aber vor allem: Jeder von uns ist in der Lage, ihn weiter und weiter zu kreuzigen. Es ist ja tatsächlich *mein* Profit, an dem die Leute in der Dritten Welt verhungern. Es ist ja tatsächlich die Angst, die ich, der etwas leistet, einjage, an der die Wehrlosen krank werden. Es ist ja tatsächlich meine Resignation den Behörden gegenüber, die die Kinder in Verwahranstalten treibt, die den Namen Schule nicht mehr verdienen. Ich bin's, meine Freunde, meine Familie, meine Klasse, mein Volk, die durch Unterlassen, Dulden, Dazu-Schweigen, aber Daran-Profitieren, durch Mitmachen und Gehorchen den gegenwärtigen Zustand mitbauen, aufrechterhalten und rechtfertigen. Der gegenwärtige Zustand ist aber, in der Sprache des Glaubens geredet, der, in dem Christus an vielen Orten und in verschiedenen Gestalten ans Kreuz geschlagen wird, durch uns, die wir das Holz und die Nägel produzieren, um die Kleider würfeln und all das tun, wovon die Geschichte erzählt. »Nun, was du,

Herr, erduldet, ist alles meine Last, ich hab es selbst verschuldet, was du getragen hast.« Das stimmt, so ist es. Wir können die Tradition, die sich angesichts des leidenden Christus zur Buße rufen ließ, im Ernst übernehmen, wir brauchen uns nicht zu verrenken, um Paul Gerhardt neu zu singen, weil wir den leidenden Christus theologisch-politisch vermitteln, nämlich ihn in unserer Mitte, in unserer Gesellschaft erkennen. Ich bin's, ich sollte büßen ...

Man kann das Geheimnis des Glaubens nicht verstehen, wenn man nichts von den Schmerzen der Welt weiß, und solange man sie nicht als die eigenen übernimmt, hat man keinen Anteil an dem Lamm, das die Summe der gesellschaftlich verursachten Leiden, die in der biblischen Sprache »Sünde« genannt werden, trägt. Das Lamm Gottes trägt die Sünde der Welt ja nicht, damit wir sie übersehen könnten oder aufhören könnten, an ihr zu leiden, sondern es will uns in den gleichen Prozeß des Tragens, des Für-andere-Daseins hineinziehen. Wie tragen wir aber diese Last? Indem wir die eigene Schuld am gegenwärtigen Zustand erkennen und indem wir uns nicht mehr als Opfer dieser Welt fühlen, sondern als ihre Verantwortlichen. Es ist unerwachsen, wenn Christen sich sehr leicht als Opfer der argen Welt empfinden, aber vor allem weigern sie sich, mit Hilfe ihre Hilflosigkeit umzukehren. Vor lauter Opfergefühl vergessen sie, daß nun aber nicht ich, sondern Christus in mir lebt. Christus ist für mich der, der die Erniedrigung anderer als die ihm angetane erfährt, dem der Schmerz, den andere erleiden, selber weh tut. Wenn ich zu der gleichen Sensibilität komme, die an den Grenzen des privaten Ich nicht mehr haltmacht, dann »lebt Christus in mir«, wie die alte Sprache sagt: Die Verzweiflung anderer ist meine Verzweiflung geworden, der Reichtum anderer ist meine Freude, meine Kraft. Das vorsichtig abgegrenzte und sich durch Grenzen sichernde und darin bornierte Ich ist vergangen, es ist alles neu geworden. Buße, Umkehr, Trauerarbeit, der große Sprung nach vorn – sie werden konkrete Gestalten finden. Wir werden aus der unglücklichen und fruchtlosen Polarität von Strafe, Gesetz, Herrschaft – und Reue, Innerlichkeit, Einsamkeit der Seele vor Gott herauskommen und konkrete Bußvorschläge entwickeln. Wir lernen dabei, Befreiung oder Erlösung nicht mehr in der bildlichen Weise der Väter zu verstehen, die es sich als ein mit einem Schlag geschehendes Versetztwerden in einen anderen Zustand vorstellen. In der Sprache unserer Zeit ist Befreiung ein andauernder Prozeß, von Glauben zu Glauben, wie Paulus das ausdrückt, indem wir immer mehr Freiheit gewinnen und im Verlauf dessen auch die Gefängnisse, die wir heute nicht erkennen, weil wir sie für passabel oder gar wohnlich halten, von uns verlassen werden.

Der Punkt, den wir dabei erreichen, der Drehpunkt, an dem nicht mehr das gefesselte und verfangene Ich lebt, sondern Christus in mir, überholt die falsch gestellte Frage, ob wir erst uns selber und dann auch die Welt, in der wir leben, verändern sollen oder umgekehrt erst die Verhältnisse und dann uns selber. In der Umkehr fällt dies zusammen, weil alle hier zu Subjekten der Geschichte werden. Es gibt keine Veränderung des Herzens, die nicht sinnlich sichtbar würde, und der kleinste Punkt, den wir an unserer Institution, unserem Betrieb ändern, kehrt auch uns um. Die Selbstbestimmung, die wir in unserem Umkreis realisieren, geht auch in uns selber vor. Der Glaube, der sich die Welt immer mehr aneignet, indem er sie verantwortet, bedeutet wachsende Freiheit.

Gibt es ein atheistisches Christentum?

In Jean Pauls Roman »*Titan*« (1800–1803) gibt es ein Abendgespräch zwischen drei Frauen, das unser Thema einführen mag:

Der laute Tag war gedämpft und das Leben friedlich, Öl-zweige und ihre Blüten sanken aus dem stillen Himmel langsam nieder. »Dort ist der einzige Ort«, sagte Idoine, »wo der Mensch mit sich und anderen einen ewigen Frie-den schließt, sagte so schön zu mir ein französischer Geistlicher.« »Solchen christ-katholischen Jammerge-danken«, versetzte Linda, »bin ich so gram wie den Geistlichen selber. Wir können so wenig eine Unsterb-lichkeit erleben als eine Vernichtung.« »Ich verstehe das nicht«, sagte Julienne, »ach Idoine, wenn es nun keine Unsterblichkeit gäbe, was täten Sie?« – »J'aimerois«, sagte sie leise zur ihr [1].

Ich würde lieben. An dieser Stelle werden drei weltan-schauliche Positionen verdeutlicht. Die erste ist die tradi-tionelle, metaphysische, sie wird von der Wirklichkeit der im Roman sprechenden Menschen abgerückt, indem ein in Stand und Ort Entfernter, ein französischer Geistli-cher, sie repräsentiert. Für den Dichter ist diese Position ersehnt, erträumt, aber unerschwinglich. Die zweite Posi-tion ist die des aufgeklärten Denkens, die von Jean Paul leidenschaftlich kritisiert worden ist, theoretisch und

---

1 Jean Paul, Titan, Hanser-Ausgabe, München 1963 ff. III 717.

dichtungsimmanent. Der Dichter läßt die Figur, die diese Position vertritt, Linda, einer furchtbaren Täuschung zum Opfer fallen und scheitern. Das bedeutet allerdings nicht, daß der »christ-katholische Jammergedanke« recht behielte. Für uns ist auch diese Position vergangen. In unsere Welt übersetzt, müßte hier ein Positivist nicht nur die Kritik der Metaphysik, sondern auch die Kritik aller Bedürfnisse und Fragen, die zu so etwas wie Glauben an Gott und Unsterblichkeit führen, leisten. Aber Jean Paul läßt es bei dieser geläufigen Alternative von naivem Glauben und ungläubigem Denken nicht bewenden, er skizziert eine dritte Haltung: Wenn es keine Unsterblichkeit gäbe – ich würde lieben – *j'aimerois*. So spricht sich christliche Existenz in einem nachtheistischen Zeitalter aus.

Kann der christliche Glaube solche Amputationen lebend überstehen? Meine erste These lautet:

1. An Christus glauben heißt im Entwurf Christi leben

Der Glaube an Christus bedeutet nicht mehr und nicht weniger als dieses: in seinem Entwurf leben. Manche meinen, das sei zuviel verlangt; Christus sei für uns doch fern und unerreichbar, eine göttliche Gestalt, den antiken Halbgöttern vergleichbar, von ihm könne man vielleicht sakramentale Teilhabe an der Erlösung erwarten, aber doch nie und nimmer einen Entwurf für das eigene allzumenschliche Leben. Diese Menschen denken von sich selber zu gering, sie erliegen einer Versuchung, die im Neuen Testament als die gnostische beschrieben wird. Das Evangelium ist ihnen ein *pharmakon athanasias*, eine Unsterblichkeitsdroge. In einer religionssoziologischen Studie über »Religion und Person in der modernen Gesellschaft« wird diese verbreitete Art der Religiosität als »sozial irrelevante Mei-

54

nungsfreiheit« beschrieben, die nur in der Privatsphäre Bedeutung erlangen kann, und auch dort nur im Sinn der »Meinung«[2].

Andere meinen, es sei doch zu wenig, nur im Entwurf Christi zu leben, es sei nicht das Ganze, der Glaube beinhalte viel mehr, als in dieser Verkürzung ausgedrückt sei. Diese sozusagen pharisäische gesetzliche Versuchung ist die geläufige, weil sie von Kirchen repräsentiert wird. Man gibt zwar heute zu, daß der Glaube eine Existenzbewegung sei, also eine bestimmte Art, in der Welt zu sein, zu lieben, zu leiden, zu hoffen; aber das allein scheint dann doch nicht auszureichen. Außer dieser Art Leben muß der Glaube auch noch die Annahme bestimmter Lehrinhalte sein. Er besteht auch aus Vorstellungen und Bewußtseinsinhalten, die sich in spezifischen Sätzen fassen lassen, sogenannten Glaubenssätzen, wie zum Beispiel: Jesus von Nazareth wurde von einer Jungfrau geboren, er stand nach seinem Tod wieder auf, die von ihm handelnde Schrift ist das Wort Gottes und andere mehr. Die Anzahl dieser Sätze schwankt zwar in den einzelnen Konfessionen und Richtungen, aber das Fürwahrhalten einiger dieser Heilstatsachen scheint überall nötig, und die These, daß der Glaube »im Entwurf Christi leben« sei, gilt als eine »Verkürzung«, der gegenüber das »volle« Bekenntnis gefordert wird. Aber was hat es mit diesem »vollen« Bekenntnis auf sich? Ist es nur die größere Menge zu glaubender Sätze, oder ist das Glauben selber etwas anderes, wenn es sich auf Sätze gründet?

Man kann sich das Problem leicht klarmachen, wenn man nach den Kosten eines Bekenntnisses fragt, also nach dem, was ein Mensch, der etwas bekennt, aufs Spiel setzt – etwa an sozialem Ansehen, an Freund-

---

2 Vgl. Th. Luckmann, Das Problem der Religion in der modernen Gesellschaft. Reihe »Soziologie«, Rombach Verlag 1963.

schaften, an Möglichkeiten zu arbeiten, in Grenzfällen an Leben. Da nun in den westlichen Ländern eine sozial zwar irrelevante, privat aber großen Spielraum gewährende Meinungsfreiheit herrscht, ist das Bekenntnis etwa, daß Jesus Christus von den Toten auferstanden sei, ohne alle Kosten oder Risiken für den, der es ausspricht. Es ist – wie jede andere, die wirtschaftliche, soziale und politische Ordnung nicht antastende Meinung – gesellschaftskonform, und der ältere Sinn des Bekenntnisses, bei dem ja in der Tat einiges auf dem Spiel stand, ist durch die »sozial irrelevante Meinungsfreiheit«, die der substantielle Inhalt einer gewährten Religionsfreiheit ist, zerstört.

Als Martin Luther King in Alabama die zweifellos richtigen Glaubenssätze des Evangeliums predigte, geschah weder ihm etwas noch durch ihn etwas. Als derselbe Mann begann, den Entwurf Christi zu leben, da mußte er die Konsequenz dieses Entwurfs am eigenen Leibe erfahren. Als seine Freunde die Auferstehung Christi bekannten, änderte sich nichts. Als sie die *city of resurrection* bauten, kamen sie ins Gefängnis.

Was in solchen Gegensätzen gedacht ist, läßt sich nicht auf die banale Formel vom »Lippenbekenntnis, zu dem freilich Taten hinzutreten müssen«, bringen. Das Bekenntnis zu bestimmten Sätzen ist selber sinnleer, der Glaube selber verdirbt, wo er zur Anerkennung von Sachverhalten versteinert, die in Lehrsätzen formuliert und in ein System miteinander verknüpfter ewiger Wahrheiten gebracht wurden. Die hier gemeinte Kritik an einem Glauben, der mehr sein will als »im Entwurf Christi leben«, geht auf Martin Buber zurück, der in seiner Schrift »Zwei Glaubensweisen« scharf unterschieden hat zwischen dem *»ich glaube, daß . . .«* und *»ich glaube an . . .«.* »Daß ich zu jemand Vertrauen habe, ohne mein Vertrauen zu ihm zulänglich begründen zu können«, ist die eine Glaubensweise; die andere, »daß ich, ebenfalls ohne es zulänglich begründen zu können, einen Sachverhalt als wahr anerkenne«[3]. Buber wirft dem Christentum vor, daß es sich entgegen der Intention Jesu für die zweite, deformierte Form des Glaubens entschieden habe. Über das theologiegeschichtliche Recht dieses Vorwurfs möchte ich hier nicht streiten. Mir scheint wichtiger, Bubers Sachargument im Auge zu behalten, und zwar in seiner heutigen, in der Konsumgesellschaft gegebenen Zuspitzung, in der das »ich glaube, daß . . .« zur bloßen Meinung geworden ist im Gegensatz zu den traditionalen Glaubensinhalten, die jeweils Verschlüsselungen des menschlichen Existierens gewesen und nie unabhängig vom Existieren gedacht, formuliert und tradiert worden sind. Sie gehörten in eine Symbolsprache der Gnade, die Menschen erfahren haben, sie drückten Erfahrungen aus, die Menschen – im Entwurf Christi lebend – gemacht haben; als aufsagbare Lehren der Qualität $2 \times 2 = 4$ aber sind sie mißverstanden.

Im Entwurf Christi leben bedeutet: leben, wie er gelebt hat. Es bedeutet: seinen Traum realisieren. Es ist hier nicht meine Aufgabe, den Entwurf Christi zu entfalten. Ich vermute, daß die meisten ein Verständnis oder mindestens ein Gespür dafür haben, was der Entwurf Christi enthält und was er ausschließt. Ich beziehe mich darum hier nur auf eine einzige Geschichte, die wir alle kennen, nämlich von dem Mann, der, unter die Räuber gefallen, auf der Straße von Jerusalem nach Jericho lag. Ein Priester und ein Levit sahen den Halbtoten dort liegen und gingen vorüber. Wir wissen von diesen beiden nur ihren Beruf, aber der berechtigt zu der Annahme, daß es sich um Theisten gehandelt hat. Damit meine ich, daß sie in ihrem Denken, Fühlen und Handeln bezogen waren auf ein höheres, unsichtbares Wesen. Wenn ich diese Geschichte etwas ins Gegenwärtige zu übersetzen versuche,

3 M. Buber, Zwei Glaubensweisen, München 1950, 5.

57

so möchte ich sagen: Ein Mensch, nein, ein ganzes Volk lag auf der Straße zwischen Da Nang und Hué und war unter die Mörder gefallen, und die Christen verschiedener Denominationen gingen vorüber und sahen auf ihren Fernsehschirmen, was da geschah, und beteten fleißig weiter. Schließlich kam noch ein Ungläubiger, ein Atheist vorbei – aber ich brauche die Geschichte nicht weiter zu erzählen. Dieser Atheist aus Samaria realisierte den Traum Christi, der darin besteht, daß der Mensch anderen der Nächste wird.

Jesus hat die Geschichte für einen Mann erzählt, der ihn fragte, was man tun müsse, um das ewige Leben zu gewinnen. Jesus gab ihm zunächst eine Antwort, die sich der Schriftgelehrte auch selber hätte geben können, so korrekt und traditionell war sie: man müsse Gott und den Nächsten lieben. Damit provozierte er den Schriftgelehrten zu einer weiteren Frage, die sein Herz offenbarte. Er fragte nämlich nicht: Wer ist denn mein Gott? Darauf wäre innerhalb der jüdischen Tradition leicht zu antworten gewesen, und auch die heutigen Theisten könnten auf diese Frage sehr leicht antworten mit dem Hinweis auf die Heilstatsachen, die zu glauben, und die Gebote, die zu erfüllen sind. Allerdings hätten wir damit nichts über das wirkliche, das erfüllte, das ewige Leben erfahren. Was es damit auf sich hat, das kommt zutage in der grotesken Frage, die der Schriftgelehrte damals stellte: Wer ist denn mein Nächster? Diese Frage erwächst aus der Blindheit, die man am besten mit dem Ausdruck »Hölle« bezeichnet. Wer so fragt, muß isoliert und vollständig wahrnehmungsunfähig sein. Wenn es stimmt, was Jesus behauptet, daß das ewige Leben davon abhängt, was zwischen Jerusalem und Jericho auf der Straße geschieht, dann ist diese Frage »Wer ist denn mein Nächster?« ein Signal der Hölle. An Gott war für diesen Schriftgelehrten keine Frage und kein Zweifel, er war zweifellos Theist genau wie die Leute, die an dem Elend vorübergingen. Aber Jesus hat sich nicht für die Meinungen von Leuten interessiert, was die Existenz eines himmlichen Wesens anbelangt, sondern dafür, ob der Mensch dem anderen der Nächste oder der Ferne, der Unbetroffene, der Gleichgültige wird.

2. *Der Entwurf Christi setzt die theistische Weltanschauung nicht voraus (auch wenn Jesus von Nazareth Theist war); die Berufung auf Gott fügt dem Entwurf Christi nichts hinzu.*

Ich erläutere diese These anhand eines Gleichnisses, das der englische Philosoph Anthony Flew in die Debatte gebracht hat:

»Es waren einmal zwei Forschungsreisende, die kamen zu einer Lichtung im Dschungel, wo viele Blumen und Kräuter wuchsen. Da sagte der eine Forscher: ›Es muß einen Gärtner geben, der dieses Stück Land bebaut.‹ Der andere widersprach: ›Es gibt keinen Gärtner.‹ Da schlugen sie ihre Zelte auf und überwachten die Lichtung. Aber kein Gärtner ließ sich blicken. ›Vielleicht ist es ein unsichtbarer Gärtner.‹ So zogen sie einen Zaun aus Stacheldraht und setzten ihn unter Strom. Und sie schritten ihn mit Spürhunden ab . . . Kein Schrei aber ließ jemals vermuten, daß ein Eindringling einen Schlag bekommen hätte. Keine Bewegung des Drahtes deutete jemals auf einen Unsichtbaren hin, der hinüberkletterte. Dennoch war der Gläubige noch nicht überzeugt. ›Es gibt Gärtner, unsichtbar, unberührbar, unempfindlich gegen elektrische Schläge, einen Gärtner, der keine Spur hinterläßt und keinen Laut von sich gibt, der aber heimlich kommt und sich um den Garten kümmert, den er liebt.‹ Schließlich sagte der Skeptiker verzweifelt: ›Was ist denn eigentlich von deiner ursprünglichen Behauptung übriggeblieben? Wie unterscheidet sich denn dein unsichtbarer, unberührbarer, ewig ungreifbarer Gärtner von einem eingebildeten oder gar von überhaupt keinem Gärtner?‹«[4]

Welches Interesse hatte der gläubige Forscher an der Behauptung, daß da ein Gärtner sein müsse? Zunächst suchte er eine Erklärung für die Entstehung der Lichtung. Damit vertritt er die ältere Form des theistisch-religiösen Denkens, in dem man zur Erklärung der Welt und vieler ihrer Einzelerscheinungen einen Gott brauchte. Gott wohnte in der Lücke, die die unbegreifliche Welt dem Verstand bot. Die Aufklärung hat dieses theistische Weltverständnis zerstört, indem die Lücke für Gott immer kleiner wurde, die Bemühung Gottes für Erklärung eines Zusammenhanges immer unnötiger oder Gott immer funktionsloser. »Ich brauche diese Arbeitshypothese nicht«, soll der Astronom Laplace gesagt haben, als Napoleon ihn fragte, wo denn Gott in seinem System stehe. Der Versuch, Gott als Lückenbüßer für die Nebelflecken im wissenschaftlichen Weltbild heranzuziehen, kann wohl als eine Art Aberglaube bezeichnet werden. Gott ist – so John A. Robinson – für den Intellekt überflüssig. Das heißt, er spielt keine konstitutive Rolle für Leute, die Medizin oder Flugzeugtechnik betreiben, und zwar auch dann nicht, wenn sie an ihn glauben.

Das zweite Interesse des Forschers im Gleichnis, der an der Gärtnerhypothese festhalten will, ist ein emotionales, ein Wunsch nach Geborgenheit oder Trost. Der Gärtner, der heimlich kommt und nach dem Garten sieht, entspricht einem Kindheitsbedürfnis. Das Kind hat die eigene Hilflosigkeit und die große Übermacht, die Allmacht der Erwachsenen, erfahren. Dieses Gefühl der Hilflosigkeit wird in der theistischen Religiosität konserviert, vor allem dort, wo die eigene Hilflosigkeit technisch

4 Zitiert bei J. A. T. Robinson, Eine neue Reformation? Chr. Kaiser Verlag 1965.

oder gesellschaftlich noch wenig bewältigt oder überwunden ist, zum Beispiel in bestimmten ländlichen Gegenden oder unter Frauen, denen die von der Gesellschaft diktierte Rolle der Hilflosigkeit lange als naturgegeben erschien. Je erwachsener der Mensch wird, um so mehr lernt er die eigene Hilflosigkeit zu überwinden. Er findet von der passiven Erwartungshaltung zu seiner weltgestaltenden Kraft, in der die Geborgenheitssehnsucht immer mehr aufgelöst wird in die Fähigkeit hinein, selbst Geborgenheit für andere – etwa Kinder – zu werden. Gott ist dann – so wieder Robinson – für das Gefühl entbehrlich.

Die Geschichte von den beiden Forschern im Urwald hat aber noch eine andere Pointe. Wenn weder das kosmologische noch das emotionale Interesse des gläubigen Forschers befriedigt werden kann, so fragt der Skeptiker am Ende mit Recht, was denn von diesem Gott übriggeblieben sei beziehungsweise was denn der Rekurs auf diesen Gott, der weder wirkt noch eingreift, ausmache. Das bedeutet, Gott ist funktionslos in diesem Streit, und die Vokabel Gott tut zu dem Garten, zu seinem Verständnis und zu seiner Bebauung nichts hinzu. Gott ist den »Tod der tausend Qualifikationen« (A. Flew) gestorben, alles, was der Begriff Gott früher leistete, kann nun mit anderen Begriffen genauer gesagt werden. Auch wenn der Gärtner als existent nachgewiesen würde, würde sich das Verhalten der Forscher nicht ändern. Was ändert sich für unser Leben, so müssen wir demnach fragen, wenn Gott ist? Was macht es für den Samariter aus, ob Gott existiert oder nicht? Und was macht es für den Mann, der unter die Räuber gefallen ist, aus? Wird die Wahrheit der Liebe, wie sie im Entwurf Christi erscheint, zu einer anderen durch die Berufung auf Gott? Fügt Gott der Sache Jesu etwas hinzu? In der Geschichte der Kirche läßt sich eher das Gegenteil erweisen. Die Berufung auf Gott ersparte das Nachdenken, aber vor allem ersparte sie die Liebe. Sie verharmloste die Enttäuschungen, die zum

Entwurf Christi gehören, sie nahm die Auferstehung für sich in Anspruch, aber nicht das Kreuz, das aus der alles für den anderen wagenden Liebe entsteht. Und schlimmer noch: Die Liebe, die sie in Gott der Wirklichkeit entrückten und entzogen, erlaubte ihnen die Ausbeutung und Vernichtung anderer, weil jeweils das Kreuz, das man sich selber spart, zu dem wird, an das andere gehängt werden – die Juden, die Indios, die Schwarzen, die Proletarier, heute die Hungernden in der Dritten Welt. Theismus ist eine Hilfe bei der Verdrängung entscheidender Probleme.

Authentisch christliches Verhalten ist heute praktisch a-theistisches Verhalten, und die Annahme oder Ablehnung eines himmlischen Wesens ist für den Entwurf Christi ohne konstitutive Bedeutung. Dies war nicht immer so. Zu einer Zeit, in der das Verhältnis des Menschen zur Natur und sein Dasein in der Gesellschaft noch dem kindlichen der Ohnmacht und der Hilflosigkeit angenähert war, hatte die Berufung auf Gott – gegen die bedrohenden Mächte der Natur, gegen Krankheit und frühen Tod, Überschwemmung und Mißernte, Krieg und Gewalttat – ihren konkreten Sinn. Die reale Basis der mangelhaften Produktionsverhältnisse ließ ihn nach hilfreichen Göttern Ausschau halten. Das Bewußtsein projizierte die geträumte Kraft und Macht auf das göttliche Wesen. Wo immer der Mensch an die eng gesteckten Grenzen seiner Verwirklichung kam, da bat er nicht nur um Hilfe, sondern da konnte ihn die Bitte um Hilfe auch tatsächlich stärken, weil sie ihm Hoffnung, Gewißheit und das Gefühl, den blinden Mächten gegenüber recht zu haben, schenkte.

Der Sinn des Gebetes, der in allen Hochreligionen nicht in der materiellen Erfüllung der Bitte liegt, erschien in der umfassenden Selbstreflexion, in die der Mensch betend geriet; das Gebet änderte ihn, es brachte ihn zu größerer Klarheit, Bewußtheit und größerer Hoffnung.

62

Es machte ihn menschlicher – und in diesem Sinne kann man sagen, daß kein echtes Gebet je verlorengegangen ist oder ohne Antwort blieb.

Es scheint mir darum wenig sinnvoll, die Frage nach Gott unter den Kategorien Illusion oder Realität zu diskutieren. Und zwar deswegen, weil diese Kategorien ungeschichtlich gedacht sind, einem geschichtsfreien, von der Naturwissenschaft geprägten Denken entstammen. Es läßt sich historisch zeigen, daß das Bewußtsein von Gott für Menschen offenbar nötig war und daß es sie zu anderen gemacht hat. Es wäre zum Beispiel unsinnig, diesen wirksam gewordenen Gott Augustins oder Luthers zu leugnen. Und die aus der ersten Phase der Aufklärung, deren Geschichtsbewußtsein noch wenig entwickelt war, stammende Meinung, daß sie solche Wirkungen »nur« einer Illusion verdanken, trägt zur Erkenntnis Luthers oder Augustins nicht das geringste bei. Nicht besser steht es aber um die entgegengesetzte Behauptung, daß Gott eine objektivierbare, ansichseiende, bewußtseinsunabhängige Realität sei. Das historische Bewußtsein zwingt uns, hier zurückzufragen: für wen denn? Und das pure Faktum, daß wir die Entstehung von nachtheistischen technischen Kulturen in Ost und West erleben, relativiert die ältere religiös-metaphysische Meinung. Es läßt sich also zwar sagen, daß das Bewußtsein von Gott, die geglaubte Realität Gott einige Menschen auf einen Weg gebracht hat, der sie menschlicher, und das heißt: liebesfähiger gemacht hat. Es ist aber die Frage, ob sich das heute auch sagen läßt, und ob nicht heute »Gott« weithin ein ideologisches Alibi der eigenen Liebesunfähigkeit geworden ist.

Einst entsprach der real erfahrenen Ohnmacht der Glaube an die göttliche Macht; genau – es war immer noch besser, sich Gott ausgeliefert zu wissen als dem Wetter, dem Tyrannen oder der Krankheit. Ist diese ursprüngliche kindliche Ohnmacht aber in ihren natürlichen und gesellschaftlichen Ursachen erkannt und kann sie daher in sehr vielen Dingen real und in einigen erst potentiell aufgehoben werden, so kann ein Bewußtsein, das den alten Zustand der Ohnmacht religiös konserviert, nur als ideologisch bezeichnet werden. Der Überbau entspricht der Basis nicht mehr. Daher sehen sich die Repräsentanten des Überbaus genötigt, die weitere Entwicklung zu ignorieren, abzuleugnen oder zu hemmen. Die dritte These lautet:

3. *Praktischer Theismus ist Rechtfertigung der bestehenden Verhältnisse; christlich handeln heißt heute praktisch atheistisch handeln.*

Wer Antibabypille oder Düngemittel nicht kennt, mag ein Recht haben, in diesen Angelegenheiten zu beten. Wer sie hat, kommt nicht mehr auf den Gedanken. Wer sie kennt, aber nicht hat, hat kein Recht zu beten – er soll sie sich besorgen. Das theistische Verhalten ist in unserer Welt eine Art beten, daß kein Baby kommt. Es wartet auf Gottes Eingreifen, darin ist es antichristlich. Mit Hilfe des Theismus verlängern wir die eigene Ohnmacht und rechtfertigen wir die bestehenden Zustände. Der praktische Theismus ist Attentismus, eine naive Erwartungshaltung; weil die Natur des Menschen sich gleichbleibt – oder die da oben alles machen –, erträgt man und schweigt. Ein schönes Beispiel für praktischen Theismus als Rechtfertigung der Verhältnisse in den Kirchen ist die Vietnam-Diskussion: Man darf in den Kirchen zwar beten für Vietnam, man darf sich also theistisch-ohnmächtig verhalten; die atheistischen Verhaltensformen aber, die Informationen, die Diskussion und der Protest, werden aus dem Kirchenraum vertrieben. Mit Hilfe der theistischen Ideologie bekämpfen Generalvikariat und Verfassungsschutz jeden Selbstausdruck der Christen, der die bestehenden Macht- und Wirtschaftsverhältnisse antastet. Hier ist ein Modell zu sehen, ein Beispiel des praktischen Theismus, der die Veränderung der Welt im Beten Gott überläßt, in Wahrheit sie den bestehenden Machtverhältnissen untertan macht.

Der Theismus ideologisiert so die Wirklichkeit und macht seine Anhänger in eins damit leidensunfähig, immun gegen die Schmerzen anderer. Zum Theismus gehört ein Verständnis der Auferstehung Christi, das den überweltlichen Sieg Christi feiert auf Kosten derer, die empirisch nichts von ihm haben. Theismus paktiert heute mit dem Sieg, er verleugnet das Kreuz, indem er es metaphysiziert.

Wir müssen als Christen handeln wie Jesus selber, nämlich die ganze Verantwortung übernehmen. Es gibt keinen Vater, der für uns die Verantwortung übernähme und jeweils bei unserem Versagen einspränge. Theismus ist in unserem Weltzustand ein Alibi für die verweigerte Liebe. Praktisch ist jedes christliche Handeln heute atheistisch: Es wird kein Eingreifen eines höheren Wesens erwartet. Der unsichtbare, unfühlbare Gärtner, der nicht eingreift, ist so gut wie kein Gärtner; was aus dem Garten wird, ist unsere Sache. Der Atheismus des Handelns ist also nicht nur eine Frage der Erkenntnis, deren Lücken sich mehr und mehr verschließen. Er gehört zur Sache Jesu selber. Denn Theismus bedeutet in unserer Welt: Gott und die Liebe auseinanderreißen. Gott wird dabei in den unerreichbaren Himmel, in das Jenseits verlegt; die Liebe wird als eine Art karitativer Erleichterung schwerer Schicksale auf der Erde praktiziert. Aber der Entwurf Christi hat niemals Gott versprochen anstelle der weltverändernden Liebe.

Im August 1967 haben 300 brasilianische Priester ihren Bischöfen einen Brief geschrieben, in dem sie die Situation ihres Landes schildern: die Kindersterblichkeit – von 1000 Kindern sterben 150 im ersten Lebensjahr –, die Unterernähung, die Arbeitslosigkeit, ein Vergleich der Ausgaben für Militär und Polizei mit denen für Schulen und Bildung, die wirtschaftliche Abhängigkeit vom Ausland. Alle diese Dinge werden von den Priestern als religiöse Probleme, als Fragen des Glaubens angesehen; der praktizierte kirchliche Theismus wird scharf verurteilt. Das brasilianische Volk, so schreiben diese dreihundert, werde gemordet und beraubt, zugleich werde es religiös ausgebeutet, weil die meisten Geistlichen »die betont fatalistische und konformistische Haltung des Volkes bestätigen«, indem sie alle Vorkommnisse und Zustände aus dem Willen Gottes interpretieren. Der Zusammenhang von Theismus und Sakramentalismus wird erkannt. Wörtlich heißt es, daß die »pastorale Maschinerie« den Priester zu einem Gefangenen mache, weil er fast ausschließlich im kultischen Bereich, bei der Sakramentsspendung, hervortrete. »Sind die Eucharistie, die Erbsünde, die unbefleckte Empfängnis in der Terminologie und in dem Geist, in dem sie vorgetragen wurden (auf einer Bischofskonferenz), wirklich die großen Probleme des Glaubens heute in Brasilien? Ehrlich, wir glauben es nicht.«[5] Das ist eine radikale Kritik des Theismus aus dem Entwurf Christi heraus. Wenn man fragt, wie es möglich ist, daß die revolutionierende Botschaft des Evangeliums zu einer Ideologie des Bürgertums geworden ist, so wird man den Theismus als Berufung auf den jenseitigen Vater zur Erklärung heranziehen müssen. Solange man glaubt, Gott unmittelbar im sogenannten religiösen Sektor erreichen zu können, so lange werden Gott und die Liebe in zwei nacheinander erfüllbare Gebote aufgeteilt wie bei jenem Schriftgelehrten; daß schon die Frage »Wer ist denn mein Nächster?« das ewige Leben verfehlt, wird geleugnet. Theismus führt in unserer Welt zur Verweigerung der Liebe. Er kann die Welt nicht ernst

5 Herderkorrespondenz, Januar 1968

nehmen, er zerstört den Entwurf Christi, indem er ihn zu-
rückbindet an Gott. Das Gebot der Liebe wird verharm-
lost, wenn man es als »nur« Irdisches nimmt. Das Gebot
und die Realität der Liebe ist Gott, eine andere Wirklichkeit Gottes als diese unsere gibt es nicht.

Gewiß ist heute auch bei den Theologen, die Gott als
ein personales Gegenüber ansehen, eine durchgehende
Tendenz zum Immanenten, ein »atheisierender« Zug zu
beobachten. Die Theologie scheint tatsächlich bereit,
»den Atheismus als eine ihrer wesentlichsten Voraussetzungen zu akzeptieren«, wie ein Kritiker der gesamten
Theologie nach Hegel formuliert[6]. Das Gewicht verlagert
sich von den dogmatischen Fragestellungen zu den praktischen, das hat die Vollversammlung in Uppsala ebenso
deutlich gemacht wie der deutsche Katholikentag in Essen. Visser 't Hooft, der frühere Generalsekretär des Welt-
rates der Kirchen, sagte in Uppsala: »Uns muß klarwer-
den, daß die Kirchenglieder, die ihre Verantwortung für
die Bedürftigen in irgendeinem andern Teil der Welt
praktisch leugnen, ebenso der Häresie schuldig sind wie
die, welche die eine oder andere Glaubenswahrheit ver-
werfen.« Die Meinung in der jüngeren Generation der
Theologen geht allerdings über dieses *»ebenso«* weit hinaus: Da sich Gott auch für die nichtatheistischen Theologen zwischen Menschen ereignet, wird die vertikale Reflexion des Glaubens, die auf die Beziehung Gott–
Mensch geht, immer nebensächlicher, immer uninteres-
santer.

Ähnlich geht auch die weltweite Kritik an der Enzyklika *»Humanae Vitae«* nicht von einem ewigen Gesetz
aus, sondern von den Bedürfnissen der Menschen. Die
Kritiker argumentieren immanent, also nicht von einem
die Situation des Menschen transzendierenden Gebot

6 G. Rohrmoser, Zum Atheismusproblem im Denken von Pascal bis
Nietzsche. In: Internationale Dialog Zeitschrift, 1968.

aus, das sich auf eine vorgegebene, als »Natur« deklarierte Ordnung bezieht. Der materiale Inhalt dieser Enzyklika, die in der Tat »theistisch« im hier kritisierten Sinne ist, weil sie Gott und die Bedürfnisse der Menschen auseinanderreißt, ist daher de facto kaum mehr von Interesse. Entscheidend ist, wie sich die theistische Theologie hier in eine Autoritätskrise hineinmanövriert hat, die dem wirklichen Glauben an die Sache Christi nur nützen kann, weil sie eine Entscheidung provoziert: Entscheidung zwischen dem, was in der Enzyklika »Gott« genannt wird, und dem Entwurf Christi, der den ganzen Sabbat – was jüdisch bedeutet: die Freude, die Lust des Sabbats – dem Menschen zusprach.

Ferdinand Ebner, einer der Wiederentdecker des personalen Denkens wie Martin Buber, Christ in der Nachfolge Kierkegaards, sagte vor einem halben Jahrhundert:

»Ich denke mir manchesmal, es müsse auch ein Glaube an Christus möglich sein, der hart an der Grenze des Atheismus steht. Das wäre der Glaube eines Menschen, der wohl von sich sagen könnte, wenn er an Christus glauben könne, so könne und müsse er auch an Gott glauben; nicht aber umgekehrt: er glaube an Gott, und da wolle er schließlich auch an Christus glauben.«[7]

Dieser von Ebner geforderte Atheismus, der so nur innerhalb des Christentums möglich ist, nicht im Heidentum, kritisiert aufs schärfste jene heimliche kindliche Sehnsucht nach Entlastung und Geborgenheit, die Ebner das »heimliche Wissen um Gott« nennt. Diese anthropologisch unzulängliche Gottesvorstellung (im Bild des Philosophen der funktionslose Gärtner) wird von Christus aus unmöglich. Ebner schreibt:

»Was ist übrigens Atheismus? Die Leugnung der Existenz Gottes schlechthin? Oder nicht vielmehr die Verleugnung des heimlichen Wissens um Gott? Der Protest

7   F. Ebner, Schriften, Bd. 2, Kösel Verlag, München.

eines oberflächlichen Verstandes – ist aber nicht jeder Verstand ein Oberflächenphänomen – gegen dieses Wissen? Oder auch die Empörung ... über die Sinnlosigkeit dieses heimlichen Wissens um Gott (in der hier gebrauchten Terminologie die Empörung über die Sinnlosigkeit des Theismus), das den Menschen die Jahrtausende seiner Geschichte hindurch immer wieder bewogen und am Ende betrogen hat, Gott und das Göttliche zu denken? Christus deckte die anthropologische Unzulänglichkeit jeder Gottesvorstellung endgültig auf. In ihm war das heimliche Wissen des Menschen um Gott nicht der Anlaß, Gott und das Göttliche zu denken, sondern der Anlaß – man könnte sagen – Gott und das Göttliche zu leben (denn in Christus ist Gott Mensch geworden).«

In dieser Formulierung scheint mir das Entscheidende eines heutigen christlichen Atheismus angedeutet. Gott und das Göttliche werden in der theistischen Tradition immer wieder gedacht, das heißt gegenübergestellt, objektiviert als ein Fremdes, Gegenständliches. Im Entwurf Christi dagegen wird das heimliche Wissen des Menschen um Gott – das heißt seine Sehnsucht – zum Anlaß, Gott und das Göttliche zu leben. Die vierte These lautet:

4. *Der Sinn des christlichen Atheismus ist, »Gott und das Göttliche zu leben«.*

Die traditionelle Stufenfolge des Glaubens enthielt den Glauben an Gott als Voraussetzung für den Glauben an Christus. Heute scheint es mir umgekehrt – das Leben im Entwurf Christi ist eher allgemein und verständlich, was nicht heißt praktiziert, aber doch das, worauf Menschen sich in unserer Kultur einigen können als die säkulare Bedeutung des Evangeliums. Erst von diesem

Entwurf Christi aus können wir nach Gott fragen. Aber diese Frage heißt nun nicht mehr, ob Gott ist oder nicht, sondern wo Gott sich ereignet.

Lebte Christus heute, er wäre Atheist. Er wäre wie alle andern, ohne spezifische Vorteile, er wäre auch heute nicht in einem Palast, in dem man die Sorgen und Angst der gewöhnlichen Leute nicht kennt, geboren; auch nicht in einem religiösen Palast, in dem die ungebrochene Gewißheit des Daseins Gottes, das kindliche Vertrauen auf den Vater, dem einzelnen zufällt. Es ist ungenau, wenn wir die Armut Jesu nur als etwas Äußerliches auffassen und ihm dafür einen religiösen Reichtum zuschanzen, der ihn mehr von den Leuten trennt, als Gold und Edelsteine es könnten. Die Solidarität Christi mit den Armen wäre mißverstanden, wenn sie sich von oben, aus der theistischen Sicherheit, herunterneigte gegen die Armen. Christus war wie wir, das heißt, er lebte ohne Rückendeckung. Seine Freunde und seine Feinde waren gleicherweise bemüht, ihm eine Rückendeckung zu besorgen. Sie forderten ihn auf, sich durch Wunder zu beweisen, Steine in Brot zu verwandeln oder vom Kreuz herabzusteigen. Hätte er sich theistisch verhalten – auf das Eingreifen einer transempirischen Macht bezogen –, sie hätten ihm geglaubt. Aber Christus hatte nicht auf Macht gesetzt, auch nicht auf die Gottes. Er hat Gott nicht als ein Fremdes, Anderes gedacht, das uns Armen helfen kann, er hat vielmehr »Gott gelebt«, wie Ebner sich ausdrückt.

Selbstverständlich macht auch der Entwurf Christi bestimmte Voraussetzungen, die nicht abgeleitet werden können oder die einer rationalen Begründbarkeit entraten. Die Voraussetzungen seines Entwurfs gründen aber nicht in einer theistischen Anschauung, sondern in einigen anthropologisch faßbaren Bedürfnissen von Menschen. Es sind die Bedürfnisse nach Sinn, Ziel, Begründung und Verwirklichung eines authentischen Lebens; Fragen und Bedürfnisse, die nicht – wie die Positivisten meinen – sinnleer sind. Voraussetzungen des Glaubens, die nicht bewiesen werden können, sind, daß jedem die Chance des ewigen Lebens gegeben wird, daß unsere Bedürfnisse unendlich sind, was zugleich bedeutet, daß nur Liebe sie stillen kann. Läßt man sich auf diese Voraussetzungen ein, so wachsen sowohl die Chancen dieser Art Leben wie auch die Erfahrung von der Zerstörbarkeit dieses Lebens Gottes. Aus dieser Erfahrung des Negativen, der nichtaufhebbaren Ungerechtigkeit, des sinnlosen Sterbens, der nicht zu sich selber findenden Menschlichkeit erwächst die Forderung nach Gottes Reich, das für alle Hoffnungslosen dasein muß. Meine fünfte und letzte These heißt daher:

5. *Der Entwurf Christi setzt den Glauben an Gott nicht voraus, aber er postuliert das Ereignis Gott für alle Menschen.*

Wir haben heute kein System, das die aufgewiesenen logischen und theologischen Schwierigkeiten harmonisieren könnte. Über den Widerstreit von Atheistsein, den Entwurf Christi realisieren und darum Gott verlangen komme ich nicht hinaus. Das Verlangen nach wirklichem, das heißt ewigem Leben auch für die, die niemals gelernt haben zu lieben und deren Fähigkeit, ein Mensch zu werden, vollständig zerstört worden ist, transzendiert den Bereich unserer Erfahrungen, ohne daß wir uns theistisch trösten könnten. Daß der Unschuldige um sein Leben betrogen wird und in die innerweltlich verstandene Hölle kommt, das kann ich nicht theistisch verrechnen; aber ich kann diesen Unschuldigen auch nicht atheistisch fallenlassen. Der theistische Trost macht uns kein in Auschwitz vergastes Kind wieder lebendig, er vermag uns nicht mehr zu beruhigen. Ebensowenig vermag es die trostlose atheistische Banalität. Der Entwurf Christi gibt

nichts und niemanden auf, darin trotzt er den sich selbst
bescheidenden Humanismen. Einer der größten nicht-
christlichen Humanisten in unserem Jahrhundert, Sigmund Freud, hat in »Die Zukunft einer Illusion« auf die
Einwände eines religiösen Partners geantwortet: »Wir erhoffen dasselbe, aber Sie sind ungeduldiger, anspruchs-
voller und – warum soll ich es nicht sagen – selbstsüchti-
ger als ich und die Meinigen. Sie wollen die Seligkeit
gleich nach dem Tod beginnen lassen und verlangen von
ihr das Unmögliche und wollen den Anspruch der Ein-
zelperson nicht aufheben. Unser Gott λόγος wird von
diesen Wünschen verwirklichen, was die Natur außer uns
gestattet . . . eine Entschädigung für uns, die wir schwer
am Leben leiden, verspricht er nicht.«[8]
Die hier ausgesprochene Beschreibung des Glaubens
entspricht dem Entwurf Christi und seinem äußersten
Anspruch für jeden Menschen. Die Hoffnung, die Christus in Menschen entzündet hat, setzt sich gegen die
Selbstbescheidung der Vernunft. Wenn Christus heute
wiederkäme, wäre er Atheist, das heißt, er könnte sich auf
nichts anderes als auf seine weltverändernde Liebe verlassen. Nicht aus Selbstbescheidung wäre er Atheist oder
aus Einsicht in die Grenzen unserer Möglichkeiten. Er
wäre Atheist gerade deswegen, weil er alles für alle wollte.

8 S. Freud, Das Unbewußte, Schriften zur Psychoanalyse, Frank-
furt/M. 1960, 335.

Christus oder Prometheus

Eine Auseinandersetzung mit Helmut Gollwitzer

Was ist der Sinn des Lebens? *Helmut Gollwitzer* hat sich in seinem bislang gewichtigsten theologischen Buch[1] auf diese Frage eingelassen, ohne dem gerade hier naheliegenden »Jargon der Eigentlichkeit« zu verfallen. Er hat ein lesbares und inhaltlich reiches Buch geschrieben, in dem literarische, philosophische und humanwissenschaftliche Autoren ausführlich zu Wort kommen. Die Formen der Darstellung sind vielfältig: theologisches Streitgespräch, biblische Meditation, Report, Aphorismus und vor allem immer wieder Zitate bieten dem Leser weniger eine systematisch voranschreitende Analyse, wohl aber in einzelnen Kapiteln, die das Thema umkreisen, den außerordentlich anregenden Versuch, Philosophie, Literatur und allgemeine Geistesgeschichte zu vermitteln mit der theologischen Grundfrage, die begriffen wird als Sinnfrage.

Dabei wird eine Voraussetzung gemacht, die nicht allgemein selbstverständlich ist; nämlich die Identifikation der Sinn- und der Gottesfrage. »An einen Gott glauben, heißt die Frage nach dem Sinn des Lebens verstehen«, wie Wittgenstein formuliert, oder mit dem späten Horkheimer: »Einen unbedingten Sinn zu retten, ohne Gott, ist eitel.« Der Sinn des Daseins ist fraglich und nicht

---

1 Helmut Gollwitzer, Krummes Holz – aufrechter Gang. Zur Frage nach dem Sinn des Lebens. Chr. Kaiser, München 1970.

selbstverständlich gegeben, der Mensch kann sich eben nicht auf die naturhaften Deutungen des Daseins beschränken. »Was ist der Sinn des Holunders, des schönen Junibaumes; was der Spinne, der Viper, der Trichine . . .« (Otto Flake) – Gollwitzers interessante Dokumentation der nur vitalistischen Abwehr der Sinnfrage zeigt gerade die Hilflosigkeit dieser Position. »An einen Gott glauben«, so Wittgenstein in den Tagebüchern, »heißt sehen, daß es mit den Tatsachen der Welt noch nicht abgetan ist. An Gott glauben, heißt sehen, daß das Leben einen Sinn hat« (S. 302).

Ich halte diesen Satz für umkehrbar: Wer den – endgültigen, das Bestehende transzendierenden und von ihm nicht bedingten – Sinn sieht, glaubt an Gott. Wie weit Gollwitzer diese Umkehrung mitvollziehen kann, ist mir nicht klar geworden. Zunächst setzt er die Einheit von Sinn und Gott in der Frage nach beidem voraus: Wer nach dem Sinn fragt, fragt nach Gott. Damit rehabilitiert er ein Stück natürlicher Theologie: Nicht erst die göttliche Offenbarung bringt den Menschen vor die Sinnerfahrung, sondern die Frage nach Sinn in der Sinnlosigkeit wird selber zum theologischen Thema – die Frage nämlich, wie »aus so krummem Holze, als woraus der Mensch gemacht ist . . . etwas Gerades gezimmert werden« (Kant), wie die menschliche Utopie vom »aufrechten Gang« (Bloch) wahr werden könne.

Der Titel des Buches bezeichnet einmal ein Stück Theologiegeschichte, orientiert an den philosophischen Partnern der Theologie, also den Weg von Kant zu Bloch. Und er nennt auch seine Methode, den offenen Dialog. Gollwitzer liegt es fern, in die neuere Theologenkrankheit zu verfallen, die, unfähig zur Interpretation, jedes christliche Motiv so lange unter einen methodisierten Ideologieverdacht stellt, bis sich gezeigt hat, daß der Kaiser eben nackt ist und es immer war. Wenn Dialog nicht masochistisch geprägte Selbstaufgabe bedeutet, aber ebensowe-

74

nig blinde Selbstrechtfertigung der Tradition, dann hat Gollwitzer hier ein dialogisches Buch geschrieben (was ich von den Büchern, die er gegen *Herbert Braun* und mich geschrieben hat, nicht behaupten kann)[2]. Daß die Frage nach dem Sinn des Lebens einmal gänzlich aufgegeben würde, ist mit Kant »ebensowenig zu erwarten, als wir, um nicht mehr unreine Luft zu schöpfen, das Atemholen einmal ganz und gar einstellen würden«. Damit distanziert sich Gollwitzer von allen Neopositivisten, die Sinnfragen für »sinnleer« halten. In der Schule von *Karl Popper* etwa wird sie als ein Erbe der vielen überdehnten Erwartungen, die das Christentum uns hinterließ und die ein vernünftiges Einrichten in der Wirklichkeit immer noch stören, abgestreift. Popper selbst kritisiert die Behauptungen über einen angeblichen Sinn der Geschichte und hält eine genauere Beschreibung der Bedeutung von »meaning« für überflüssig. (Leider fehlt bei Gollwitzer eine Auseinandersetzung mit dem 1968 erschienenen »Traktat über kritische Vernunft« von *Hans Albert*, der sich in dem Kapitel »Sinn und Wirklichkeit« mit der hermeneutischen Philosophie auseinandersetzt.)

Für Gollwitzer ist die Fragestellung unaufgebbar; sie wird dort mißverstanden, wo Sinn und Nutzen in eins gesetzt werden. Der Satz »Sinnvoll ist das Leben, das nützt«, hat sich in seiner reinen, sozial relevanten Form erst im Kapitalismus durchgesetzt. Die durch Ware und Leistung vermittelte Beziehung von Menschen zueinander muß notwendigerweise den Sinn auf den Nutzen reduzieren. Erst wenn sie nicht mehr von der Kategorie des Nutzens beherrscht sind, kann eine Möglichkeit zweckfreier Beziehungen zwischen den Menschen auftauchen. So kritisiert und transzendiert die Frage nach dem Sinn die herrschende Frage nach dem Nutzen.

2 »Die Existenz Gottes im Bekenntnis des Glaubens« (1963) und »Von der Stellvertretung Gottes, Zum Gespräch mit Dorothee Sölle« (München 1967).

Der wichtigste Dialog, den Gollwitzer in diesem Buch führt, ist der mit dem Marxismus. Eindeutig ist seine Nähe zum Sozialismus, vor allem im Sinne Blochs. Heute können »christliche Gruppen nur mehr sozialistische Gruppen sein«, heißt es einmal. Andererseits grenzt sich Gollwitzer ebenso entschieden von einem Sozialismus ab, der, darin kapitalistischen Positionen verwandt, die Sinnfrage auf die Zweckhaftigkeit des Handelns reduziert und das Leben als zweckhafte Tätigkeit deutet, wobei die Feststellung des Nutzens und seine Kriterien wenigen Herrschenden überlassen bleiben. »Gegen die technokratische Rationalisierung hat diese Art von Sozialismus keine ausreichenden Kategorien, kann ihr darum auch nicht widerstehen.«

Die Identifikation von Christen und Sozialisten ist selbstverständlich; aber die andere Antwort auf die Sinnfrage, die zunächst als ein metaphysischer Unterschied erscheint, hat auch praktische Folgen: »Wissenschaft – auch eine sich marxistisch verstehende Wissenschaft – ist weit überfordert, wenn sie die objektive Erkenntnis dessen, was hier und jetzt mein sinnvolles Handeln sein soll, liefern soll.« Wissenschaft kann die Sinnfrage nicht lösen; eine Angabe von Sinn, die Zukunft umfaßt, ist als ein Hoffnungsakt zugleich ein Glaubensakt; der Glaube bestreitet die Allgenügsamkeit der Wissenschaft. Gollwitzer beruft sich hier auf Kolakowski, der die Philosophien kritisiert, weil diese »seit dem Zeitalter der Aufklärung . . . ihren Glauben mit der Würde einer Wissenschaft versehen« haben. Jetzt ist es Zeit für sie, Glauben wieder als Glauben zu begreifen, als »eine Projektion, die der Vergangenheit Sinn gibt«. Auch Kolakowksi sieht also Sinn nicht durch Wissenschaft gegeben, sondern durch »bewußten Plan«, der die Geschichte verständlich macht. »Dieser Plan muß den Akt der Hoffnung und den Akt des Glaubens in sich enthalten: Hoffnung, daß er tatsächlich möglich ist; Glaube, daß seine Möglichkeiten einem vorgeschichtlichen Bild des Menschen entstammen, dessen mühselige Verwirklichung durch die Geschichte erfolgen kann. – Ein solcher Plan ist eine Entscheidung in der Wahl von Werten; und das ist kein wissenschaftlicher Vorgang« (zit. S. 189).

Dieser Versuch, die Sinnfrage zu lösen, ist hier so ausführlich zitiert, weil er eine Kritik der instrumentellen Vernunft impliziert, um die es auch Gollwitzer geht. Wo immer Wissenschaft und Glauben verwechselt werden, wo die instrumentelle Vernunft das Feld der zielsetzenden, auf Sinn gerichteten Vernunft übernimmt, Entscheidungen also nicht mehr gefällt, sondern technologisch erübrigt werden (was gemacht werden kann, das wird auch gemacht) – da erweist die Sinnfrage ihre kritische Funktion. Auch der Sozialismus ist vor der Glorifizierung instrumenteller Vernunft und der daraus folgenden praktischen Reduktion des Sinns auf den Nutzen nicht geschützt.

Wie kann aber diese zerstörerische Reduktion aufgehalten werden? Wie wird Sinn erfahrbar, unabhängig vom Nutzen? Gollwitzer setzt hier eine Unterscheidung, die das ganze Buch bestimmt, nämlich: »*Sinn als Gnade*« und »*Sinn als Leistung*« als zwei einander ausschließende mögliche Grunderfahrungen. Alternativ wird also gedacht, ob der Mensch den Sinn »finden« kann oder dem Leben einen Sinn »geben« muß, ob er Sinn »empfängt« oder »herstellt«, ob er sich als beschenktes Geschöpf oder als Schöpfer seiner Welt ansieht, ob er aus der Gnade oder aus der Leistung lebt. Alternativ wird gedacht: Christus oder Prometheus. Dabei wird die formale philosophische Definition von Sinn – verstanden als die Beziehung eines Seienden »auf etwas, von woher es verstehbar wird, was ihm seine Sinnhaftigkeit verleiht, was es im Hinblick auf sein Dasein und Sosein rechtfertigt, worin seine Fraglosigkeit im Hinblick auf Dasein und Sosein gründet« (S. 52 f., Weischedel) –

theologisch-inhaltlich gefüllt, indem das sinngebende »etwas« als Person gedacht wird. »Sinn haben heißt: nicht unnützlich sein für einen Zweck, einen Einzelzweck oder das Ganze, sondern wichtig sein in personaler Beziehung, also in Liebe und Gegenliebe« (S. 266).

Gollwitzer spielt das Doppel-Thema von Gnade oder Leistung auf verschiedenen Ebenen durch. Er deutet an, was »Leistung« soziologisch bedeutet für die, die nicht mehr – oder prinzipiell nicht – leisten wollen oder können. Er weist auf die politischen Konsequenzen hin, welche die Sinngebung durch den Menschen gegenüber der Sinnfindung hat. Das beste Feld der Anwendung aber ist die psychische Entwicklung des Menschen. Das Kind kann Sinn nur empfangen als Zuwendung und Bejahung seines Daseins, die sein Vertrauen in die Welt herstellt. Die Gewährung von Heimat (»Etwas, das allen in die Kindheit scheint und worin noch keiner war«, wie Ernst Bloch sagt) ist das Geschenk, das der Mensch in der Kindheit empfängt bzw. dessen Verweigerung ihn am meisten stört. Erst der reifende Mensch, der aus der Heimat in die Fremde des Lebens kommt, beginnt mehr und mehr die eigene Leistung zu verwirklichen, von der sein Sinn, das heißt die Anerkennung der Zugehörigkeit und die Bedeutung für die Gemeinschaft abhängt.

Diese psychologische Überlegung zum Phasenablauf spricht aber eher *gegen* die theologische Interpretation des Schemas und *gegen* den Versuch, eine »neue Geborgenheit« aufzubauen. Psychologisch gesehen wird die erste Phase des Empfangens ja notwendigerweise abgelöst von der zweiten Sinngebung. Das Erwachsenwerden bedeutet hier gerade, daß der Mensch die gemäß dem Kindheitsstadium definierte »Gnade« nicht mehr braucht. Demgegenüber folgt Gollwitzer Paulus, wenn er den Zustand des Sinn-Leistens als »aus dem Gesetz leben« von dem Zustand des Sinn-Empfangens, das Freiheit und Kindheit bedeutet, unterscheidet. Das Bewertungsschema ist also gerade umgekehrt als das der psychischen Entwicklung folgende moderne: Frei ist nicht der, der als Erwachsener Sinn herstellt durch Leistung, und verknechtet ist nicht der, der Sinn von anderer Seite empfängt. Vielmehr wird der Zustand der Kindschaft – und des Sinn-Empfangens – als Freiheit definiert, der Zustand der Autonomie hingegen, in der wir selbst bestimmen, als Knechtschaft gedeutet. Die Grundthese Gollwitzers gipfelt dementsprechend darin, daß in der psychologischen und theologischen Konstitution des Menschen »Sinn-Empfang *vor* Sinn-Leistung« kommt.

Gegen diese Grundthese nun – »Sinn ist Gnade, nicht Leistung« – erheben sich Bedenken theologischer Art, die ich im folgenden zur Diskussion stellen will. Die Hauptschwierigkeit scheint mir in der Alternativsetzung zu liegen: Finden *oder* Geben, Empfangen *oder* Herstellen. Schon die Deutung des Paulinischen Begriffs der hyiothesía (Galater 4,5; Römer 8,15) ist doch wohl nach der Interpretation von Gogarten, die hier den mündig gewordenen Sohn, nicht das unmündige Kind dargestellt fand, nicht mehr haltbar. Paulus hat nicht die Regression aus dem Willen zur Leistung in den Willen zum Beschenktwerden gepredigt – psychoanalytisch gesprochen die Ablösung genitaler Sexualität durch frühkindlich-orale. Sein Befreitwerden, sein Verständnis von Erlösung betrifft gerade den handelnden, den erwachsenen Menschen, der die Zwänge der heteronomen Regeln hinter sich läßt. Befreit wird er gerade aus dem unabgelöst-kindischen Stadium dessen, der sich selber keine Entscheidung zutraut und auf das »Gesetz« ängstlich und ruhmsüchtig zugleich zurückschaut.

Ähnlich läßt sich gegen das Wort »Empfangen«, das Gollwitzer häufig gebraucht, argumentieren. Ein abgeblaßter Sprachgebrauch, der sozusagen immer wieder in den Horizont des Postwesens und seiner Empfänger zurückfällt. Vielleicht ist es für einen Mann sehr schwer, ein so tief in der Sexualität verwurzeltes Wort wie »Empfangen« überhaupt noch zu gebrauchen, ohne auf das Postniveau zu geraten. Der Sprachgebrauch innerhalb der Theologie zehrt ja noch immer vom mittelalterlichen Verständnis weiblicher Sexualität, die Frau wird verstanden als *materia matrix.* Entsprechend wird ihr Empfangen passivisch und attentistisch gedeutet. Es ist aber bekanntlich ein Unterschied, ob man ein Kind, einen Gast oder ein Paket »empfängt«. Zwar betont Gollwitzer, daß Sinn nicht wie irgendeine dingliche Gabe auch in Absehung vom Geber besessen werde, daß vielmehr das personale Verhältnis fortbestehe und der Sinn bleibend empfangen werden müsse. Aber die beharrliche Abwehr menschlicher Aktivität und der ungetrübte Gebrauch eines Herrschaftsvokabulars machen diese personalistischen Ansätze wenig glaubwürdig. In diesem Vokabular kommt Sinn »von oben nach unten«, gibt es eine veränderte »Rangordnung« zwischen Geber und Empfänger, wird das sinnvolle Leben mit Wörtern wie »Bestimmung«, »Erlaubnis« und »Aufruf« benannt, das Verhältnis zu Gott mit Wörtern wie »aufsehen, loben und dienen« beschrieben.

Wie sich ein personales Verständnis von einem verdinglichten unterscheidet, das kann ein Blick etwa auf Paul Gerhardts Sprachgebrauch »empfangen« lehren. »Wie soll ich dich empfangen und wie begegn' ich dir.« Die sexuelle Wahrheit des Wortes spielt – wie bei aller großen Dichtung – mit herein, wird hier aber nicht dominant. Die Begegnung mit dem ankommenden Gast, dem die Seele entgegeneilt, auf den sie sich vorbereitet, meint ein anderes Empfangen, das jedenfalls nicht in Gegensatz zum Geben, zum Herstellen, zum Handeln gebracht werden kann. Erwachsene Sexualität hebt diesen Gegensatz auf. Er trifft nur auf der frühkindlichen Ebene, in der oralen Phase, zu, dann aber nicht mehr. Solange aber die Theologie das Gottesverhältnis im Rahmen frühkindlicher Sexualität deutet, verhindert sie das Erwachsenwerden von Menschen. Ebensowenig wird sich das Mißverständnis, die Gnade sei ein Paket – oder vielleicht eine tägliche Postwurfsendung – im Rahmen des anthropologischen Schemas der Tradition vom Menschen als »Empfänger« ausräumen lassen.

Nun fehlt es in Gollwitzers Buch selbstverständlich nicht an Aufrufen zum Handeln, an Engagement, an Hinweis auf weltverändernde Praxis. Aber die theologische Kategorie, unter der dies alles erscheint, ist eine zweite, abgeleitete, die der Dankbarkeit. Der beschenkte Mensch, der Gnade »empfangen« hat, ist der, der nun getröstet, ermuntert und ermutigt handeln kann. Gewiß: Gollwitzer wehrt sich gegen die »verbreitete Legende, die Verkündigung der Gnade und unsere Abhängigkeit von ihr lähme die Aktivität des Menschen«. So richtig das ist, so taucht das Mißverständnis doch immer wieder auf, solange nämlich der Akt des Begnadetwerdens, der Erlösung, der Annahme im Vaterhaus vom Lebensvollzug abgelöst als ein Erstes verstanden wird, dem das Erlöstsein als Zweites nur folgt. Der Begriff der Dankbarkeit ist in Gollwitzers Buch überwertig und weist so auf das Interesse hin, den Menschen als abhängig und angewiesen auch weiterhin zu denken. So selbstverständlich es ist, daß Dankbarkeit, Lob, gewonnene Gewißheit nicht fehlen dürfen, verrät doch die ständige Reflexion auf Dankbarkeit eher Unsicherheit und ein Interesse am Bleiben der Abhängigkeit. Als ob uns das Geschenk der Gnade zum Bewundern und nicht zum Gebrauchen gegeben wäre! Statt die Gnade als Herstellung der Autonomie und Befreiung von Zwängen, die sich religiös als Gesetz und heute als Leistungsgesellschaft fixiert haben, zu verstehen, wird sie zum Zeichen bleibender Abhängigkeit. Daher muß die Unterscheidung von Gnade und Leistung bleiben; der Gegensatz ist nicht als ein dialektischer gedacht, in dem Macht auf der einen, Abhängigkeit auf der anderen Seite in der Liebe tatsächlich überwunden wären, sondern als eine Antinomie, die den Menschen fast wie in der Akzeptationsneurose auf seine Schwäche fixiert.

Am deutlichsten ist diese Problematik am Gottesbegriff, wie Gollwitzer ihn versteht, nachzuweisen. Denn so wie der Mensch nicht als Sohn, sondern als Kind gedacht ist, die Gnade nicht »empfangen«, sondern nur genommen wird, die Werke nur Früchte der gewährten Gnade sind, so wird auch Gott primär und wesentlich als »Herr« verstanden – und nur sodann und akzidentell als Liebe. Gollwitzer sagt über die Schöpfung: »Die Welt bedeutet für diesen, der ihr Herr im radikalen Sinne ist, nichts und zugleich sehr viel. Sie bedeutet für ihn nichts, sofern er nicht auf sie angewiesen ist. Er braucht sie nicht. Er ist nicht ärmer ohne sie, nicht in Verlegenheit ohne sie; er ist ohne sie nicht einsam, er bedarf ihrer nicht, um zum Beispiel einen Partner seiner Liebe zu haben« (S. 224). Sind hier nicht die wesentlichen Bestimmungen Gottes seine Unabhängigkeit, seine Nichtangewiesenheit, seine Omnipotenz und seine Autonomie?

Der amerikanische Negerdichter *W. H. Johnson* hat die Schöpfungsgeschichte in einer menschenfreundlicheren Theologie erzählt. Im Weltall ist Gott einsam. *»And God stepped out on space/ And he looked around and said: I'm lonely/ I'll make me a world.«* Nachdem er Pflanzen und Tiere gemacht hat, wiederholt er das Leitmotiv noch einmal: *»He looked on His world/ With all its living things/ And God said: I'm lonely still.«* Gollwitzers Interesse ist im Kern vielleicht nicht so fern von dem des schwarzen Predigers, aber er spricht in seinem Buch zwei einander widerstrebende Sprachen. In einer erreicht er das theologisch Gemeinte, in Thesen wie: »Es bleibt nichts vergessen. Es kommt alles noch einmal zur Sprache« – oder: »Wir sind geliebter als wir wissen. Wir werden an unvernünftig hohen Maßstäben gemessen.

Wir sind nie allein.« Es ist die Sprache des Predigers, eine schwerere und wichtigere, wie ich meine. Zweifel und Sorge haben in ihr Platz, Angst wird nicht durch die Berufung auf Herrschaft verdrängt, Vertrauen formuliert sich unmittelbar. Das Herrschaftsvokabular spielt in dieser Sprache keine Rolle mehr, vielleicht, weil Gollwitzer weiß, daß es nichts mehr bedeutet.

Aber dem widersprechen die angeführten Sätze der theologischen Sprache, die Gott als von uns unabhängige Autorität, also in den Kategorien von Herrschaft deuten. Gollwitzer denkt Gott im Rahmen dieser Sprache weiter als Überlegenheit, nicht als Liebe; als Aseität, nicht als *nobiscum*; als Omnipotenz, nicht als Solidarität. Welches Interesse kann er an einem Gott haben, der niemanden braucht? Wie soll ich einem Gott vertrauen, den es weder größer noch glücklicher macht, mich erschaffen zu haben? Was ist das für eine Liebe, die dem omnipotenten Herrn rein akzidentell einfiel? Und was nötigt den Menschen, so über Gott zu sprechen? Ist es nicht das Interesse der endgültigen Sicherung des Lebens in einer gänzlich unabhängigen Macht?

Wir sind am Kernpunkt des Streites. Solange Gollwitzer, und andere Barthianer, an der Unbedürftigkeit Gottes festhalten, so lange muß man sie als »Theisten« bekämpfen. Sie erheben da etwas zum Maßstab der Größe und der Vollkommenheit, das in der Tat unsere Verachtung verdient. Sie schämen sich nicht, Unangewiesenheit und Unbedürftigkeit als in irgendeinem Sinne »göttlich« zu preisen, obwohl gerade hier die Projektion des Kapitalisten, dessen höchstes Ziel eben die Autonomie ist, mit Händen zu greifen ist. Sie bleiben bürgerlich darin, daß sie Gott nicht radikal als Solidarität denken können, sondern über die Stärke des Schwachen hinaus (die die einzige Stärke ist, die Gott besitzt) noch ein Mehr an Macht und Siegesgewißheit verlangen!

Wenn es denn schon um die Personalität Gottes geht,

dann kann diese Personalität tatsächlich nur in den Wörtern dessen, was wir bis heute vom Personsein wissen, formuliert werden. Beiderseitige Angewiesenheit ist darin konstitutiv. Ein Gott, zu dem wir in einem asymmetrischen Verhältnis stehen, ist human unerträglich geworden.

Aber trifft diese Figur denn auf das Evangelium zu? Ist es Gottes Interesse, mit Wesen zu verkehren, die er eigentlich nicht braucht? Gibt er diesen Wesen Gnade wie Männer ihren Samen in Frauen, damit sie Frucht bringen? Ist Dankbarkeit die entscheidende christliche Haltung? Findet die Kooperation zwischen Gott und Mensch nur in einer zweiten, auf die Welt bezogenen Hinsicht statt, wie Gollwitzer im Anschluß an Luthers Verständnis der *cooperatio* meint, und ist sie in der zugrunde liegenden Sinnerfahrung ausgeschlosssen? Ich meine, die existentielle Erfahrung des Sinnes, das große Ja des Glaubens, ist so noch nicht richtig beschrieben. Der Begriff der Gnade soll ebensowenig negiert werden wie der des Empfangens. Aber so wie im sexuellen Akt Empfangen nichts mit Passivität zu tun hat und die Beschreibung dessen, was da geschieht, nur dann gelingen kann, wenn sie das Herrschaftsvokabular hinter sich läßt, so ist auch der große Akt der Liebe, den die Theologie zu beschreiben versucht, nur beschreibbar außerhalb der Herrensprache. Sinn empfangen und Sinn geben sind dann nicht mehr zwei einander ausschließende Vollzüge. Als Jesaja »Tröstet, tröstet mein Volk« sagte, da empfing und gab er. Als Christus auf Golgatha schreiend zusammenbrach, da empfing er Sinn und gab Sinn, mit den Augen des Glaubens gesehen.

Vielleicht könnten wir die Trennung von beidem, die Gollwitzers (trotz allem großartiges) Buch macht, überwinden, wenn wir versuchten, alle wesentlichen und menschlichen Akte und Erfahrungen als Empfangen *und* Geben zu beschreiben. Dann wäre es auch möglich, konkreter über Sinnerfahrung zu reden und die theologische Fragestellung weiter in den Alltag hinein voranzutreiben. Dann würde die Bürgerinitiative für einige alte Bäume eine Sinnerfahrung, die die Alternative: Leisten oder Beschenktwerden hinter sich ließe; dann wäre vor allem in der Arbeit nicht mehr die Leistung (das Geben) oder der Lohn (das Nehmen), sondern die Kooperation miteinander das Wichtigste. Nehmen und Geben wären dann in immer mehr Akten eins. Menschlich könnten wir nur die Akte nennen, die Geben *und* Nehmen enthielten. Sinn wäre nur dort, wo beides gleichzeitig gelebt wird.

Eine wirkliche Liturgie – von der die protestantische allerdings heute am weitesten entfernt ist, weil sie genau das Herrscher- und Empfängerschema einübt – müßte genau diese Doppelbewegung enthalten. Das Lied, das ich singe, ich nehme und ich gebe es, das Brot, das wir brechen, wir nehmen und geben es. Die Arbeit, die wir miteinander tun, wir nehmen sie voneinander und geben sie weiter. Wo immer wir einseitig »männisch« oder »weibisch«, leistend oder nehmend uns verhalten, da ist unsere Kreativität und unser Glück zerstört. Die theologische Alternativsetzung von Leistung *oder* Gnade, von Gott als Akteur oder dem Menschen als Kreatur, von Handeln oder Behandeltwerden, geht an der Wirklichkeit des Lebens vorbei. Miteinander essen, miteinander schlafen, miteinander arbeiten – das Schema: Leistung oder Gnade verfehlt gerade die Wirklichkeit, in der Sinn erfahren wird, genauso wie das Schema von Horizontaler und Vertikaler. Das gilt selbst für den Tod, den wir nicht gut sterben, wenn wir ihn nur hinnehmen und nicht lernen, ihn zu »empfangen«.

Aufstand und Auferstehung

Aufstand und Auferstehung gehören nicht nur sprachlich zusammen, sondern in der Sache. Aufstehen, sich erheben sind Wörter, die den Tagesbeginn eines einzelnen benennen, aber auch den Weg der Völker, die den politischen Schlaf von sich schütteln. Aufstehen bedeutet dann, den aufrechten Gang lernen, den noch so unbekannten. Sich nicht mehr ducken müssen, die Angst verlieren. Eine Akkordarbeiterin in einer Elektrofabrik erzählt, wie sie jedesmal, wenn der Meister von hinten an sie herantrat, zusammenzuckte und sich duckte, später sogar dann, wenn nur ein ähnliches Geräusch den Reflex in Bewegung setzte. Sie wurde krank – es gab da keinen aufrechten Gang, ohne sich zu ducken; es gab keinen Aufstand. Kann es unter solchen Umständen Auferstehung geben?

Aufstehen geschieht aus dem Schlaf, Auferstehen aus dem Tod. Der Aufstand ist das Aufstehen aus politischem Schlaf, aus einer Art Tod, in dem Menschen wesentliche Elemente ihres Lebens entzogen und fremdbestimmt sind. So wird zum Beispiel das, was sie selber produzieren, von anderen bestimmt. Ob das Spielzeug ist oder Zubehör für elektronische Waffen; wohin dieses Produzierte geht, in die Dritte Welt, um dort Unterdrückung aufrechtzuerhalten – all das bleibt der Verantwortung derer, die es produzieren, entzogen. Sie partizipieren nicht an den Zielen, am Gewinn, an der Organisation und an der Verteilung der Produkte. Eben die Überführung dieser und anderer Teile der Macht aus den Händen weniger, die die Interessen weniger vertreten, in die Hände aller – das wäre Aufstand.

Das Wort hat für uns seit Luthers Zeiten und seit seinen Ängsten vor Zusammenrottung, Aufruhr, Unruhe, Aufbruch einen negativen Klang. Aufstand des Gewissens – das geht noch an, zumal wenn er ein Vierteljahrhundert alt ist. Aber Aufstand der Schüler, der Lehrlinge, der Arbeiter – das ruft Angst hervor.

Da ist es mit der Auferstehung schon einfacher. Sie ruft nämlich gar nichts hervor, weder Angst wie vielleicht bei den Christen des Mittelalters, die das anschließende Gericht fürchteten, noch auch den Protest eines kämpferischen Atheismus, wie es ihn im 19. Jahrhundert gegeben hat. Nicht einmal mehr den Spott ruft das Wort »Auferstehung« hervor. Es gibt Wörter, die sind so tot, so außer aller Benutzbarkeit, daß ihre einzige Funktion die ist, uns daran zu erinnern, daß auch die Sprache, in der wir wohnen, eine Art Gefängnis ist. Heidegger hat gesagt, daß die Sprache das »Haus des Seins« ist; was nicht benannt ist, das existiert nicht. Aber vielleicht ist diese Aussage noch zu wenig konkret, und wir müssen sehen, daß die Sprache, die wir gebrauchen und die uns bestimmt, auch ein Gefängnis ist, das uns verbietet, uns wirklich frei zu bewegen im Denken und im Wünschen. Ein Gefängnis mit eingeteilten Zellen und Arbeitsräumen, mit genehmigten Spaziergängen im Hof. Aber das Wort »Auferstehung« liegt nicht mehr im Bereich der genehmigten Spaziergänge, wohinein Wörter wie »Pferd« oder »Brunnen« noch gehören; mag sein, daß es diesen Wörtern später einmal genauso ergehen wird wie dem Wort Auferstehung. Dann wird man von solchen Dingen reden hören in der Sprache der Märchen und Träume, so wie man heute manchmal noch reden hört von Auferstehung in der Sprache der Dichter.

»Ich singe für meinen Genossen Dagobert Biermann
der ein Rauch ward aus den Schornsteinen
der von Auschwitz stinkend auferstand
in die viel wechselnden Himmel dieser Erde
und dessen Asche ewig verstreut ist
über alle Meere und unter alle Völker.«

So kann man in der Tat heute von Auferstehung reden.
Denn wenn einer sagte, Christus sei auferstanden, aber
nicht wagte zu sagen, daß Dagobert Biermann auferstanden ist, dann wäre auch der erste Satz sinnlos. An die
Auferstehung kann man nicht teilweise glauben. Sie ist
das umfassende Symbol eines Lebens für alle und einer
Art Leben, die dem Tod seine Sinnlosigkeit wegnimmt.
Niemand ist umsonst gestorben, diese Behauptung wird
dem Tode streitig gemacht. Zur Auferstehung gehören allerdings, wie schon in der Bibel, so auch hier im Gedicht
Wolf Biermanns, Zeugen dazu, Leute, die das, was sie erfahren haben, weitersagen. Schon die Römer haben sich
weiland darüber lustig gemacht, daß unter den Zeugen
der Auferstehung kein Ungläubiger war, also kein skepti-
scher Gebildeter, beispielsweise vom Typ Pilatus. Doch
ist das nur konsequent, wenn auch für einen römischen
Kopf etwas schwer zu verstehen. Für den römischen
Kopf ist die Auferstehung entweder ein Faktum, das man
fotografieren kann. Oder es ist ein religiöses Hirnge-
spinst. Der sterbliche Mensch ist in dieser Auffassung ein
einzelnes Wesen, ein Rechtssubjekt und vielleicht eine
Persönlichkeit, dem in der Auferstehung Fortbestand ga-
rantiert wird. Wenn man sich auf diese Vorstellung vom
Menschen einläßt als einem einzeln existierenden Wesen,
dann kann man sich heute unter Auferstehung nichts vorstellen, dann muß man in dem Gefängnis der Sprache gefangen bleiben, das Bewußtsein reicht dann nur so weit,
wie die erlaubte, die mögliche Sprache reicht. Das Tran-
szendieren ist ein sinnloser und sozial lächerlicher Akt ge-

worden, und alle Wünsche von Menschen, die über das, was jetzt ist, und über das Sichtbare hinausgehen, sind zerstört. Dann sind die Toten tot – und so ein Satz enthält zugleich eine Aussage der Lebenden, sie sind dann nur die Noch-nicht-Toten. Für Wolf Biermann ist der Tote aber nicht so ein Wesen, das jetzt seinen bürgerlichen Lebens-Eigenschaften – zum Beispiel kaufen und verkaufen, haben und gehabt werden – nicht mehr nachkommen kann. Die Toten und die Lebenden gehören hier anders zueinander, sie haben eine gemeinsame Geschichte, die heißt »die verratene Revolution«, und von ihr handelt das Gedicht. Sie haben auch einen gemeinsamen Namen, der heißt »Genossen« und ist ein Ausdruck dieser gemeinsamen Geschichte, die die Toten nicht ausschließt oder wegläßt. Sie haben auch eine gemeinsame Zukunft: die Toten und die Lebenden. Darum geht diese Geschichte auch im Gedicht weiter, und es heißt von Dagobert Biermann, »der von Auschwitz stinkend auferstand«, weiterhin:

»und der jeglichen Tag neu gemordet wird
und der jeglichen Tag neu aufersteht im Kampf
und der auferstanden ist mit seinen Genossen
in meinen rauchigen Gesang.«

Wolf Biermann möge mir verzeihen, wenn ich – in meiner Sprache – sage, daß das Gedicht von Christus handelt, der in Auschwitz ermordet worden ist und in Vietnam und den anderen Fortsetzungen von Auschwitz. Von Christus, der in der Todesangst sein wird bis zum Ende der Welt und der auferstehen wird, wo immer Menschen die in ihm begonnene Sache weitertragen, weiterkämpfen, und der den Gesang Wolf Biermanns ebenso braucht, wie wir ihn brauchen. Die Liturgie ist auch wegen der Toten da, und der rauchige Gesang ist gerade für die nötig, die kein Grab haben.

90

Aufstand und Auferstehung gehören hier zusammen. Das Gedicht Biermanns endet mit den Worten: »In ungebrochener Demut singe ich den Aufruhr.« Ohne die Auferstehung der Toten wäre dieser Aufruhr unvollständig, und eine Auferstehung ohne allen Aufstand – aber darüber wollte ich heute nicht mehr reden. Das ist zweitausend Jahre lang so gut gemacht worden, daß fast nichts mehr übrig blieb von der Wahrheit des in Golgatha Gehenkten. Heute ist es notwendig, die mythischen Gestalten von Aufstand und Auferstehung, Prometheus und Christus, zusammenzudenken. Marx hat Prometheus den vornehmsten Heiligen im Kalender genannt. Er dachte an den Rebellen, der den Göttern das Feuer stahl und es den Menschen schenkte. Wir haben uns angewöhnt, Prometheus als einen Gegensatz zu Christus zu denken. Wenn man aber sein Schicksal, wie es der antike Mythos überliefert, genauer ansieht, so fällt einem eher auf, wie nah beide einander sind und welche strukturellen Ähnlichkeiten in der Überlieferung von beiden entdeckt werden können.

Bei einem Streit zwischen Göttern und Menschen, so erzählt Hesiod, war Prometheus Schiedsrichter über den Anteil, den jede Partei von den Opfertieren bekommen sollte; er erkannte den größten Teil den Menschen zu. Das erinnert an Jesus von Nazareth, der den Sabbat, das Opfer der jüdischen Welt, für den Menschen reklamierte. Der Mensch ist nicht um des Sabbats willen, sondern der Sabbat um des Menschen willen da. Prometheus hatte keine Angst vor Zeus und verehrte die Menschen. Er »schmälerte die Allmacht der Unsterblichen«, wie es heißt. Auch Jesus ist verurteilt worden, weil er Dinge tat, die Gott allein zustanden: Sünden vergeben, heilen, Tote erwecken. Prometheus verhinderte die Vernichtung der Menschen durch Zeus, er half ihnen mit dem Feuer, mit der Einsicht in die Ordnung der Welt, mit den Zahlen und Techniken. Zur Strafe für sein Eintreten für die Menschen leidet er. Er wird in Ohnmacht gezwungen, an einen öden Ort geschickt, wo niemand ihn sprechen und hören kann, und mit Nägeln und Ketten in eine völlige Unbeweglichkeit geschlagen, aufgehängt in einer widernatürlichen Lage, von den Göttern gehaßt, von den Menschen verlassen. Aischylos stellt in seiner Tragödie zu Beginn diesen Vorgang, den man »Kreuzigung« nennen kann, dar, der Verurteilte schweigt, während die Schergen ihn foltern. Die letzten Worte des Stückes heißen: »Ihr seht, was für Unrecht ich leide.« Pascho, ich leide – wie in der Passion Christi. Prometheus war, so heißt es bei Aischylos wörtlich, voller Erbarmen und hat kein Erbarmen erfahren; er hat die Menschen befreit und kann sich selber nicht befreien; er ist ein Arzt und kann kein Heilmittel für sich finden. Die Begründung seines Leidens wird von Aischylos klar ausgesprochen: er ist gebunden, gehängt und verlassen, »weil er allzusehr die Menschen geliebt« hat.

Faßt man die Gründe für Jesu Tod am Kreuz zusammen, so kann man die gleichen Formulierungen brauchen: Andern hat er geholfen und kann sich selber nicht helfen, er hat »zu viel« geliebt. So ohnmächtig Prometheus ist, er ist mächtiger als der Gewalthaber Zeus, und er wird ihn überwinden. Eine neue menschlichere Welt wird durch ihn heraufgeführt, und eben dieser Versuch wird mit dem äußersten Leiden bezahlt. Auch nach dem Glauben der Christen gibt es keine Auferstehung ohne Schmerzen und Leiden und ohne das Sterben derer, die Wolf Biermann die verratenen Genossen nennt. Die Preise für ein wirkliches menschliches Leben sind seit der Antike *nicht* gesunken, so gern wir das glauben möchten. Immer noch werden Menschen gefoltert und geschunden um der Gerechtigkeit willen. Immer noch gehen Menschen ein an der Gleichgültigkeit derer, die keinen Aufstand wollen und keine Auferstehung brauchen. Und immer wieder, trotz der verratenen Revolution und des weiß

Gott verratenen Christus, geschieht das, was wir alle am meisten brauchen, der Aufstand des Lebens gegen die vielen Arten Tod, die Auferstehung.

Gott ist Gerechtigkeit

Einführung in Befreiungstheologie

Eine Gefahr der gegenwärtigen theologischen Entwicklung in den USA würde ich in Anspielung auf Bonhoeffer »billige Befreiung« nennen, die Abneigung, den Preis des Kampfes zu zahlen. Billige Gnade wurde während der Nazizeit als kritischer Begriff gegen Kirchenleute entwickelt, die sich selbst in einer neutralen Position zwischen den Deutschen Christen und der Bekennenden Kirche wähnten. Billige Befreiung ist entsprechend eine Befreiung für Leute, die keine brauchen, weil sie nicht wissen, was Unterdrückung bedeutet. Befreiungstheologie wird immer dort »billig«, wo der volle Preis des Kampfes und der Parteinahme auf der Seite der Unterdrückten nicht gezahlt wird. Liebe ohne Gerechtigkeit, das allgemeine Reden von Unterdrückung ohne historische Analyse, die Bibel *ohne* Marx – das führt zur billigen Befreiung.

In diesem Zusammenhang stellt Mirandas Buch einen Schritt voran dar, und jeder Theologe, der an der Neubestimmung der theologischen Aufgabe unter dem Stichwort der »Befreiung« interessiert ist, sollte es lesen: José Miranda, »Marx and the Bible. A Critique of the Philosophy of Oppression«, Orbis Books 1974. Der Mexikaner Miranda, der Mitte der fünfziger Jahre in Frankfurt Theologie und Ökonomie studiert hat und später in Mexiko sozialpolitisch mit Arbeitern engagiert war, gründete seine Theologie auf gegenwärtige Unterdrückungserfahrung, vor allem auf die »verborgenen Unterdrückungen«,

95

die »so tief im Geist der Unterdrücker selber verwurzelt sind«, obwohl nicht bewußt. Beide zusammen, die offenen und die verborgenen Formen der Unterdrückung, konstituieren, was Miranda »eine echte Kultur der Ungerechtigkeit« (XI) nennt, die Kultur, die wir im alltäglichen Leben ebenso einatmen wie im Philosophieren und Theologie-Treiben. Der Untertitel des Buches zeigt, daß diese Kultur der Ungerechtigkeit abgestützt ist von einer »Philosophie der Unterdrückung«. Auf diesen philosophischen Hintergrund des Buches (Kapitel 1 und 5) gehe ich hier besonders ein, weil er zum Verständnis der übrigen exegetischen Partien unerläßlich ist.

Was heißt Philosophie der Unterdrückung? Lehren Philosophen Unterdrückung? Werden Schulkinder mit Herrschaftswissen indoktriniert, verkündigen Kirchen eine Theologie der Unterdrückung? Miranda bejaht diese Fragen. Seine Kritik der Unterdrückungsphilosophie reicht von der Aristotelischen Ontologie bis zu den alltäglichen Phrasen des Geschäftsmannes wie »Please don't get sentimental«, »Business is business«, »That's your problem«. Beide, der griechisch-abendländische Denker wie der Geschäftsmann des 20. Jahrhunderts, dessen Weltansicht durch den positivistischen Wissenschaftsbegriff geformt ist, haben nach Miranda dies gemeinsam, daß sie Ungerechtigkeit »als das harmlose Universalprinzip, eine Art von Natur, eine Eigenschaft, die der« menschlichen Existenz innewohnt« (XVIII), ansehen. Innerhalb dieser allgemeinen Kultur des als selbstverständlich angesehenen Unrechts konnte sich nur ein Humanismus entwickeln, der blind für die soziale Frage war. Miranda beschreibt ihn als »unausweichlich aristokratisch, privilegiert, unfähig, die schwerste, tragische und drängende Realität unserer Geschichte überhaupt wahrzunehmen«. Miranda geht nicht näher auf die Quellen griechischer Philosophie ein, sein Interesse ist, die griechische Kultur wegen ihres »bewußt ästhetischen

Humanismus« des Denkens zu kritisieren, der das Unrecht legitimiert: verbal mit Hilfe der Naturrechtstheorie und, unbewußt und natürlich weit effektiver, durch das Totschweigen der sozialen Problematik. Arbeiter, Sklaven und Diener sind nicht die Hauptakteure in Tragödien, Filmen und Stücken, und es ist diese Unsichtbarkeit der Unterdrückten, die eine griechische Tragödie mit einer Fernsehserie verbindet.

Kultur der Ungerechtigkeit, Philosophie der Unterdrückung: der abendländische Begriff der wechselseitigen Gerechtigkeit bedeutet, daß die vorherrschende Verteilung von Vermögen und Macht als gegeben hingenommen wird. Weder das Privateigentum an den Produktionsmitteln noch die Legitimität des Lohnsystems wurden in der herrschenden Tradition der Sozialethik in Frage gestellt. »Das gesamte abendländische Verständnis von Gerechtigkeit und Gesetz ist nach dem Muster von Handel und Verkaufsvertrag gestaltet, es beruht auf wechselseitigem Austausch . . . Dasselbe Verständnis der iustitia commutativa wurde auf den Lohnkontrakt angewandt, als wenn es möglich wäre, die Arbeit, die das Leben eines Menschen ausmacht, als Ware zu bewerten« (25). Es sind unsere Konzeption von Gerechtigkeit und unser Verständnis von verdinglichter Arbeit, die die systematische Profanierung und Verachtung von Menschen erlauben. Alle Beziehungen zwischen Menschen sind verdinglicht, weil der Austausch von Waren die Art ihrer Beziehung definiert.

Objektivierung und Verdinglichung sind nicht nur Sache der Ökonomen und Unternehmer. Die tiefen Wurzeln dieser Philosophie der Unterdrückung liegen im Verständnis vom Seienden als einem Sein »in sich selbst«, das heißt vor aller Beziehung zu anderen. Etwas als ein Objekt wahrzunehmen ist die ontologische Prämisse dafür, es als Objekt zu behandeln. Herrschaft ist in die Konzeption unserer Wahrnehmung eingebaut, und die Weltansicht, die Dinge als Objekte »in se« erfaßt, führt zu Herrschaft als der spezifischen Art von Denken und Sich-verhalten in der abendländischen Kultur. Es ist der Geist dieser Philosophie der Macht, der Unterwerfung des Objekts durch ein beziehungsloses Subjekt, der zur Kultur der Ungerechtigkeit führt. Diese hat ihren extremen Ausdruck im Kapitalismus.

Mirandas Sicht steht der existenzphilosophischen nah, etwa Sartres Unterscheidung zwischen dem en-soi und dem pour-soi oder der Heideggerschen zwischen dem verfügbaren Objekt und dem Unverfügbaren. Es ist kein Zufall, daß Miranda auf den berühmten frühen Bultmann-Aufsatz »Welchen Sinn hat es, von Gott zu reden?« (1925) zurückgreift. Er folgt Bultmann in dem existentialistischen Ansatz, die Subjekt-Spaltung und ihre Konsequenzen von Herrschaft und Verdinglichung zu überwinden. Aber Miranda sieht zugleich das Scheitern des existentialistischen Versuchs aus zwei Gründen. Ihm fehlt einmal ein geschichtliches Verständnis des menschlichen Wesens als eines kämpfenden und leidenden Seins, das sich selbst im Kampf konstituiert. Diese Selbstherstellung des Menschen in der Geschichte war es, die Marx »Praxis« nannte. Zweitens, und vielleicht noch wichtiger, verfehlen die Existentialisten das Verständnis von Geschichte als dem Prozeß, der aus den Widersprüchen der Geschichte erwächst. Der Existentialismus ist eine wichtige Hilfe bei der Kritik der abendländischen objektivistischen und reduktionalistischen Konzeption der Realität. Aber sein Mangel an historisch-dialektischem Materialismus führt ihn zurück in das Gefängnis, dem er gerade entrinnen wollte. Deswegen verleugnen die tiefsten und konsequentesten Existentialisten die Hoffnung als eine selbstgefällige Illusion und verstehen sich selber als Nihilisten. Andere, wie die meisten christlichen Existentialisten, müssen ihre Hoffnung auf etwas gründen, was außerhalb der Geschichte liegt und zu dem uns nur ein »Sprung« (Kierkegaard) führen kann. In diesem Sinn bleibt der Existenialismus vor Hegel stehen, weil er Hoffnung nicht innerhalb der gegebenen sozialen Widersprüche ansiedeln kann.

Solange wir die Realität im Rahmen der abendländischen Philosophie und Naturwissenschaft, die ontologisch nicht unterschieden sind, verstehen, so lange müssen wir die Widersprüchlichkeit der Realität verkleiden und zähmen. Unser positivistisches Wissenschaftsverständnis »verblendet sich selber methodisch gegenüber der tiefsten Dimension der Wirklichkeit – genau dem Bewußtsein der Menschheit gegenüber, das nach Befreiung verlangt« (269). Das Postulat der klassischen Logik, nämlich, daß die gegenwärtige Wirklichkeit nicht widersprüchlich ist, erfüllt sich in der Philosophie, die »dazu geboren ist, die Realität zu neutralisieren, so daß sie mir nicht begegnet, so daß sie mich nicht betrifft« (262). Sie ist dazu geschaffen, Realität zu »objektivieren«. So begründete sie von Anfang an die aristokratische Weisheit von freien und privilegierten Bürgern in der Mitte einer Bevölkerung, von der fünf Sechstel Sklaven waren. Aristoteles treibt es auf die Spitze mit der klassischen These: »Wahrheit ist unvereinbar mit dem Stand des Sklaven« (262). Daher gibt es auch einen erkenntnistheoretischen Unterschied, der sich auf Hoffnungen und Interessen der Menschen gründet, »der sehr alte Kontrast im Erkenntnisinteresse derer, die einen Sinn für Gerechtigkeit, und derer, die ein wohlerworbenes Interesse an der Bewahrung des gegenwärtigen Systems haben«. Die neue erkenntnistheoretische Fragestellung heißt nicht mehr »Wahrheit und Methode« (Gadamer), sondern »Wahrheit und Interesse« (Habermas). Indem wir diese Widersprüche ernst nehmen, gewinnen wir ein vollständig anderes Verständnis von Geschichte und Gottes Handeln in ihr. Die Methode für dieses nichtstatische und hoffnungsvolle Denken ist die Dialektik.

Miranda verschärft die Frage, auf welche Philosophie der theologisch reflektierte Glaube sich stützen soll. Ist es die, die er abendländisch oder griechisch nennt:
– mit ihrer Ontologie des In-sich-selbst-Seins,
– mit ihrem Geschichtsverständnis ohne letztes Ziel, in dem die Widersprüche aufgehoben und Gerechtigkeit auf Erden realisiert wird,
– mit ihrer Erkenntnistheorie der Betrachtung und »dem ruhigen Wissen, das eine selbstsichere Amoralität charakterisiert« (266),
– mit ihren falschen Wissenschaftsidealen der Neutralität und Objektivität?

Ist es möglich, den Glauben auf diesen Hauptstrom abendländischer Philosophie zu gründen; oder müssen Christen dem Weg des hebräischen Denkens folgen, der von den Propheten und den größten modernen jüdischen Denkern beschritten worden ist? Das würde bedeuten:
– eine Ontologie des In-Beziehung-Seins,
– ein Geschichtsverständnis mit einem Plan für die Verwirklichung von Gerechtigkeit,
– eine Erkenntnistheorie vom betroffenen handelnden und kämpfenden Subjekt aus,
– und die neuen wissenschaftlichen Ideale einer Wahrheit für die Unterdrückten, die nur durch Parteinahme und Engagement in ihrem Kampf gefunden werden kann.

Die Frage, ob wir Griechen bleiben oder endlich Hebräer werden, zieht sich durch das ganze Buch und kulminiert in der Gottesfrage. Dehellenisierung ist die Aufgabe, die falsche Ontologie loswerden, die Gott zuerst als in sich selbst existierend sieht und ihn erst dann mit seiner Forderung verbindet. Diese falsche Ontologie erlaubt es uns, Gott in sich selbst, Gott-als-solchen zu ideologisieren, so daß Gerechtigkeit nicht sein wahres Wesen ist, sondern nur ein Attribut unter anderen.

Mirandas einfache These lautet: *Gott ist Gerechtig-*

keit. Es gibt keine Selbstoffenbarung Gottes, die eine theistische Interpretation erlauben könnte und Gerechtigkeit dann zu einem bloßen Attribut machte. »Jahwe kennen, ist zwischenmenschliche Gerechtigkeit« (45). Er wird ausschließlich erkannt im Schrei der Armen. Transzendenz bedeutet »einen Gott, der nur im Akt der Gerechtigkeit zugänglich ist« (48). Der Sinn der exegetischen Partien dieses Buches ist es, Gott in Gerechtigkeit zu übersetzen, die Identität von Gottes- und Nächstenliebe nachzuweisen und zugleich die Identität von Atheismus und Ungerechtigkeit und »den verheerenden Irrtum einer Trennung von Gerechtigkeit und Liebe« aufzuheben (48). Miranda weist die eine zusammenhaltende Konzeption der Bibel von Gott als Gerechtigkeit nach und kritisiert die Relativität der tausend Möglichkeiten, Gott zu verstehen. Neutralität, Objektivität und Relativität sind Instrumente der Verwirrung, dazu angetan, die biblische Betonung der Gerechtigkeit zu verunklaren. Für die Armen und Unterdrückten ist es eindeutig, was das Wort »Gott« bedeutet. Die theologische Verwirrung entsteht nur aus der falschen Idolisierung, als sei Gott zunächst ein Wesen in sich selbst, das dann Attribute wie Liebe oder Gerechtigkeit zugesprochen bekommt.

Man kann sich fragen, ob Mirandas Exegese, vor allem des Paulus, immer zwingend ist. Im Rahmen meiner eher systematisch orientierten Darstellung möchte ich mich auf zwei andere grundsätzliche Fragen beschränken. Die erste ist methodischer Art und bezieht sich auf den Gebrauch von Marx in diesem Buch. Häufig taucht er auf wie eine Perle im Rosenkranz, das heißt als ein Philosoph der Gerechtigkeit, und nicht als der Lehrer eines neuen methodischen Ansatzes, der ökonomische, soziale und politische Daten in ein neues Geschichtsverständnis gebracht hat. Miranda bleibt methodisch in der Tradition der Motivforschung, er verfolgt das Motiv der Gerechtigkeit durch die Bibel ... Dabei wird das Alte Testament zu wenig als historisches Dokument gesehen und auf seine Umgebung und sozialpolitische Situation zurückbezogen. Das Buch ist 1971 auf spanisch erschienen: indessen gibt es eine neue Fragestellung nach dem Gebrauch exegetischer Werkzeuge, die durch eine historisch-materialistische Analyse bereitgestellt sind (vgl. zum Beispiel Hefte 2 und 3 von Radical religion, 1975). Von diesen neuen sozialgeschichtlichen Methoden könnte Mirandas Ansatz nur profitieren. Eine historisch genauere Analyse der Unterdrückung wie der erwarteten Gerechtigkeit im Alten Testament würde auch die Schwierigkeiten für die Gegenwart verringern; es ist zu befürchten, daß der normal antikommunistische christliche Leser in diesem Buch eine Voreingenommenheit für die Konzeption der Gerechtigkeit findet und keine Hilfe darin bekommt, seine eigene Voreingenommenheit für die akzeptierte Ungerechtigkeit zu überwinden.

Eine andere kritische Frage geht tiefer und hat mit dem Verständnis von Eschatologie innerhalb der Befreiungstheologie zu tun. Sosehr ich mit der Zurückweisung der »griechischen« Philosophie übereinstimme, so schwer fällt es mir, die jüdische messianische Frage einfach zu überspringen. Wie will die Theologie der Befreiung die Frage behandeln, daß das Reich Gottes »nah« und »noch nicht« hier ist, oder wie will sie Christus als den Befreier bekennen, solange die Schwerter noch nicht in Pflüge umgeschmiedet sind? Miranda kritisiert Bultmanns Problemlösung zu Recht als innerlich und zeitlos. Wahres dialektisches Denken identifiziert sich mit dem, »was mit dem Bekannten bricht und es überschreitet« (271). Aber wo findet dieses wahre dialektische Denken statt, wenn nicht in der jüdischen Zurückweisung des bekannten Messias mit dem Namen Jesus? Miranda vermeidet ebenso die Lösung von Metz und Moltmann, deren Konzeption vom »eschatologischen Vorbehalt« politisch so leicht eine subtile Form von Neutralismus darstellt, der Christen davor bewahrt, einen klaren Stand gegen den Kapitalismus einzunehmen.

Miranda kommt in seinen Formulierungen einer Lösung nah, die ich »traditionell« nennen würde, weil sie alles Gewicht auf die Gegenwart des Reiches legt. »Das Eschaton, das ultimum, immer in der Zukunft belassen, war genau die Technik des jüdischen Starrsinns, Jesus Christus zurückzuweisen« (212). Die Beschreibung des jüdischen Messianismus als Starrsinn oder Störrischsein ist subtil antisemitisch. Ein Pharisäer ist in dieser Lesart ein Mensch, »der die Aufgabe übernimmt, alles, sogar den Messias, davon abzuhalten, real zu werden« (243). Aber die hartnäckige Weigerung der Juden, Jesus als den Messias anzunehmen, war gerade umgekehrt ein Ernstnehmen der Realität. Miranda wird undialektisch, wenn er über Abrahams Glauben sagt, daß »hungern und dürsten nach der Verwirklichung der Gerechtigkeit tatsächlich bereits Gerechtigkeit« (247) ist. Läßt sich das aufrechterhalten? Hunger und Durst ist nicht Essen und Trinken, der Kampf geht weiter, es ist kein Frieden. Und die Auferstehung eines Mannes von Nazareth ist nicht genug, um unsern Durst nach Gerechtigkeit zu stillen.

»Die einzige Hartherzigkeit, die wirkliche Blindheit vor der Realität, ist der Antimessianismus« (247). Dieser Satz enthält zwei Gedanken, einmal polemisiert er gegen die griechische und die positivistische Weltsicht, in der die Welt widerspruchsfrei und deswegen hoffnungslos ist. Es gibt nichts Neues unter der Sonne für diese Sicht. Aber Miranda kritisiert mit diesem Satz auch die jüdische Entscheidung gegen den Messias, ohne zu sehen, daß sie aus mehr, nicht weniger messianischer Hoffnung entsteht. Der Überschuß im Messianismus drückt sich philosophisch heute in der »bestimmten Negation« der Frankfurter Schule aus. »Es gibt kein wahres Leben im falschen«, wie Adorno sagt, mit demselben jüdischen Starrsinn, der vor 2000 Jahren den Messias negierte. Miranda läuft Gefahr, Hoffnung mit Zuversicht zu verwechseln. War Christologie nicht oft genug der Verrat an Hoffnung und Dialektik?

Diese Frage ist an die gesamte Theologie der Befreiung zu richten. Mit der bürgerlichen Theologie darüber zu sprechen lohnt kaum, weil die grundlegende Erfahrung einer »Kultur der Ungerechtigkeit« von ihr geleugnet oder abgeschwächt wird. Gott existiert nicht in der »Kultur der Ungerechtigkeit« und nicht für uns, solange wir ein Teil ihrer sind. Als Christen und Sozialisten, Schüler von »Marx und der Bibel« brauchen wir eine neue Sprache, um über Transzendenz sprechen zu können. Materialistische Werkzeuge sind notwendig, um »Gott ist Gerechtigkeit« wieder und wieder zu übersetzen in Gott ist Selbstbestimmung der Arbeiter, Demokratisierung der Wirtschaft usw. José Miranda hat uns bei dieser Arbeit der weitgehenden Übersetzung, die wir »Theologie« nennen, geholfen.

... daß wir lieben können

8. Dezember 1968

Denn das ist die Botschaft, die ihr gehört habt von An-
fang, daß wir uns untereinander lieben sollen. Nicht wie
Kain, der von dem Argen war und erwürgte seinen Bru-
der. Und warum erwürgte er ihn? Weil seine Werke böse
waren und die seines Bruders gerecht. Verwundert euch
nicht, meine Brüder, wenn euch die Welt hasset. Wir
wissen, daß wir aus dem Tode in das Leben gekommen
sind, denn wir lieben die Brüder. Wer nicht liebt, der
bleibt im Tode. Wer seinen Bruder hasset, der ist ein
Totschläger, und ihr wisset, daß ein Totschläger nicht
hat das ewige Leben in ihm bleibend. Daran haben wir
erkannt die Liebe, daß er sein Leben für uns gelassen
hat, und wir sollen auch das Leben für die Brüder las-
sen. Wenn aber jemand dieser Welt Güter hat und sieht
seinen Bruder darben und schließt sein Herz vor ihm zu,
wie bleibt die Liebe Gottes in ihm? Meine Kindlein, las-
set uns nicht lieben mit Worten noch mit der Zunge, son-
dern mit der Tat und mit der Wahrheit. 1. Johannes 3,
11–18

Die Botschaft des Evangeliums ist so einfach, daß jedes
Kind, auch wenn es nicht lesen und schreiben kann, sie
versteht. Sie ist so einfach, daß sie sehr vielen unserer dif-
ferenzierten Zeitgenossen allergrößte Schwierigkeiten be-
reitet. Die Botschaft ist unendlich banal. Sie sagt nichts
anderes als dies eine: daß wir uns gegenseitig lieben sol-

len. Diese Banalität ist der Kern der neuen Theologie, der Kern der neuen und alten Theologie. Johannes sagt: Ich bringe euch nicht eine neue Botschaft, sondern das, was ihr immer schon gehört habt. Das gilt auch für unsere Situation. Es ist nichts Neues in dem Sinn, daß hier etwas verändert würde, sondern das, was wir immer schon gehört haben und dessen Einfachheit und Banalität für uns schwer erträglich ist. Um es noch einfacher zu sagen: Sie kennen alle den Satz, den die Beatles singen: »All you need is love.« Das ist das Evangelium, nichts darüber hinaus. Das ist der Gedanke, von dem die Bibel handelt. Das ist der Grund, warum wir uns hier Gedanken darüber machen und versuchen, unser Leben so zu bauen, daß es mit diesem Satz übereinstimmt.

Die Tradition, aus der wir kommen, hat diesen Kern geformt, bereichert, reflektiert und dogmatisiert. Sie hat Christologie und Ecclesiologie, Jungfrauengeburt, Auferstehung und Himmelfahrt, Trinität, Erbsünde und Ewigkeit hinzugefügt. Aber die banale Wahrheit ist im Lauf der Zeit, in der Geschichte der kirchlichen Reflexionen immer mehr zerrüttet worden. Zerrüttet durch eine Sprache, die wir nicht verstehen. Alle Begriffe, die ich eben genannt habe, müssen für uns durch einen sehr schwierigen Übersetzungsprozeß gehen, wenn wir sie überhaupt verstehen wollen. Ich glaube nicht, daß wir diese Sprache, dieses Sprachgebäude restaurieren können. Ich glaube, daß wir dieses Gebäude zerfallen lassen müssen, daß wir es, so wie es ist, verlassen und ein neues Gebäude auf dem einen Grund bauen sollten: All you need is love.

Ich habe mich früher sehr betroffen gefühlt, wenn die Gegner der neuen Theologie sagten, wir verkürzten das Evangelium. Hinter dieser Meinung verbarg sich der Gedanke, als sei das Evangelium breiter oder größer als das, was wir meinten. Heute denke ich anders, weil ich weiß, daß an diesem Gedanken etwas Richtiges ist, daß wir uns im Augenblick in einem Prozeß der Zurücknahme, der

Reduktion befinden. Wir verkürzen wirklich und wir müssen verkürzen. Wenn wir aber am Ende der Reduktion sind, dann werden wir den alten Kern nicht wieder erweitern um alte oder neue Dogmen, sondern wir werden ihn erweitern um Welt. In diesem Sinn werden wir versuchen, innerhalb unserer eigenen Generation den Kern »All you need is love« neu zu entfalten und neu zu reflektieren und ein neues Gebäude aus diesem Kern heraus zu schaffen. Wenn also der Vorwurf, wir verkürzten, uns zu Recht trifft, dann nicht deswegen, weil wir um einige Dogmen verkürzten, die uns nicht mehr interessieren, sondern weil wir zu viel Welt preisgegeben haben und weil wir noch nicht genügend in der Lage sind, uns selbst in unserer Welt von diesem Kern her zu formulieren.

Das wäre unsere Aufgabe: daß wir die Banalität des Evangeliums neu bedenken, und zwar auf alle Strukturen unserer Gesellschaft hin. Das Feld, innerhalb dessen wir die Banalität des Evangeliums annehmen und bedenken – unsere Welt, unsere Gesellschaft, unsere Politik, unsere Arbeit –, ist das Feld der Horizontalen. Die Tradition hat den Kern innerhalb eines vertikalen Schemas von oben nach unten entfaltet. Was aber für die Tradition möglich war, ist für uns unmöglich. Wir werden den Kern entfalten innerhalb der Welt, in der wir leben, in den Bezügen, die Menschen miteinander verbinden.

Das Evangelium besteht darin, daß wir uns gegenseitig lieben sollen, in diesem ungeheuer einfachen und banalen Satz. Wir sollten uns vielleicht abgewöhnen, Angst davor zu haben, banal zu sein. Es gibt aber noch eine andere Angst, die dem Evangelium entgegensteht, nämlich die Angst, daß es uns überfordern oder – theologisch gesprochen – dazu verleiten könnte, nur Gesetze zu predigen, nur Befehle, nur Anstrengungen, nur: »Du sollst! Du mußt! Es kommt auf dich an!« Diese Angst hängt wohl damit zusammen, daß, einer langen, vor allem lutherischen Tradition folgend, unser Verständnis von Christus immer nur auf das Über-Ich bezogen wurde, also auf bestimmte Instanzen, etwa die der Gesellschaft, des Erziehungssystems, des Elternhauses. Diese Interpretation des Evangeliums hat uns zutiefst geprägt und in einen Widerstreit zu dem gebracht, was wir selbst wollen, können und vermögen. Ich glaube nicht, daß Jesus sich an das Über-Ich gewandt hat. Ich glaube nicht, daß der einfache Satz, wir sollten uns gegenseitig lieben, unser Über-Ich anspricht; und daß deswegen eine Überanstrenung, wie sie viele befürchten, ein Mißverständnis ist, das dadurch entsteht, daß wir noch immer vom Befehlen her denken. Daß wir uns gegenseitig lieben sollen, ist eine gute Botschaft, nicht ein Befehl. Es wäre auch sinnlos, Liebe zu befehlen. Liebe bedarf keiner Rechtfertigung durch über ihr stehende, außerhalb ihrer selbst waltende Instanzen. Sie rechtfertigt sich aus sich selbst.

Wenn wir uns jetzt ansehen, was der 1. Johannesbrief inhaltlich über Liebe sagt, so ist wohl folgendes herauszustellen:

1. daß Liebe eine gute Botschaft ist, eine Ermöglichung, eine wirkliche Befreiung;
2. daß Liebe bedeutet, aus dem Tod in das Leben zu kommen, denn unser Leben ist tot, sofern es ohne Liebe ist;
3. daß Liebe Leiden und Sterben bedeutet, daß sie sich nicht festhalten kann, sondern sich hingibt, ausgibt;
4. daß sie Teilen und Verschenken ist.

»Wenn aber jemand die Güter dieser Welt hat, seinen Bruder darben sieht und sein Herz vor ihm zuschließt, wie bleibt die Liebe Gottes in ihm?«

Ich wünsche mir, daß es niemanden gibt, der diesen Satz hört, ohne daran zu denken, wie viele Millionen auf dieser Welt gegenwärtig hungern und noch verhungern werden. Während wir immer reicher werden, während

108

wir auf Grund unserer Zugehörigkeit zum westlichen Kapitalismus immer mehr gewinnen, immer besser verdienen, wird die Dritte Welt in immer größeres Unglück gestürzt. Es gibt konkrete Pläne, um dieses Unglück aufzuhalten. Die Weltkirchenkonferenz von Uppsala hat den Vorschlag gemacht, fünf Prozent des Einkommens der Kirchen für die Hungernden zu geben. Dieser Vorschlag ist bereits auf der Synode der Evangelischen Kirche in Berlin korrumpiert, weil abgeschwächt worden, indem ein Teil der Dinge, die wir geben sollten, verrechnet wird auf das, was wir immer schon getan haben, und ein anderer Teil überhaupt nicht gegeben wird. Viel wichtiger als dieser mehr oder minder innerkirchliche Vorschlag ist die politische Erwägung, die darauf zielt, daß alle reichen Völker bis 1970 1 % und bis 1980 2 % ihres Bruttosozialprodukts abgeben. Bislang geben wir 0,3 %. Dieses politische Ziel ist durchaus realisierbar, wenn sich Menschen in unserem Land, die sich für Christen halten, dafür engagieren, daß wir eine Politik betreiben, die es uns erlaubt, à fond perdu den Hungernden zu geben, was sie brauchen. Dieses politische Ziel, von dem wir noch weit entfernt sind, ist meiner Ansicht nach der Punkt, an dem sich das ewige Leben in unserer Welt und für uns entscheidet. Das ewige Leben entscheidet sich hier bei uns, an keiner anderen Stelle.

Gott und Liebe gehören untrennbar zusammen. Es ist nicht möglich und wohl der schlimmste Fehler jeder konservativen Theologie, Gott und Liebe auseinanderzureißen und zu sagen, Gott sei das Erste, das Feststehende, und Liebe eine Art Zweites, eine Ableitung, ein Sekundäreffekt. Das Evangelium hat nie so geredet: »Erst glauben, dann lieben!« Es hat vielmehr den Vollzug der christlichen Existenz beschrieben als eine Einheit: Liebend glaubt der Mensch, liebend verläßt er sich auf etwas anderes als das, was er selbst ist.

Sie wissen, daß von vielen Kritikern der neuen Theologie der Vorwurf erhoben wird, wir predigten »nur ein bißchen Humanität«, »nur Liebe«. Und man stellt die Frage, ob das denn wirklich alles sein könne. Wenn es aber alles sei, was komme dann nach dem Tode? Wenn Gott und Liebe so eng zusammengehören, wie wir es eben beschrieben haben, dann entpuppen sich diese Einwände als Zynismus. Man kann angesichts von 6 Millionen ermordeten Juden, man kann angesichts eines verhungerten Kindes doch wohl nicht ernsthaft sagen: »nur ein bißchen Humanität«, »nur Liebe«.

Da wir aber alle immer wieder zu denen gehören, denen Liebe zu wenig ist, müssen wir danach fragen, was wir noch mehr erwarten. Was erwarten denn alle, die noch etwas anderes suchen, die vielleicht deswegen fromm sind oder noch irgendeine Beziehung zur Kirche aufrechterhalten? Ich meine, sie haben Angst. Sie wollen noch eine größere Sicherheit haben als die, die Liebe bietet, eine größere Sicherheit, die mit Worten wie »Vater«, »Frieden«, »ewige Heimat« beschrieben werden kann. Sie wollen auf Fragen eine Antwort bekommen, nach Unruhe Ruhe finden, nach Krieg wissen, wo Frieden ist. Ich halte diese Bedürfnisse für echt und für gerechtfertigt. Aber das Evangelium korrigiert diese Bedürfnisse. All denen, die einen Vater, ewigen Frieden, Heimat und Antwort auf alle Fragen haben wollen, sagt das Evangelium unerbittlich und einfach: »All you need is love.« Du brauchst nichts anderes, es wird nichts anderes verlangt, nichts anderes zählt. Es gibt nur dieses eine, auf das es ankommt. Alles andere ist Nebensache, die wir uns getrost schenken können. Die Sehnsucht nach Geborgenheit und nach dem ewigen Du ist verständlich. Aber in Christus ist sie abgelöst. Christus hat gesagt, das ewige Du sei im irdischen Du, sonst nirgendwo. Das, was immer wieder »Gott« genannt wird, eine Macht, die eingreift, rettet, richtet und bestätigt, brauchen wir nicht für unser Leben. Nicht das ist das härteste Argument gegen

110

den Gott der Tradition, daß er nicht mehr existiere oder sich auf sich selbst zurückgezogen habe, sondern daß wir ihn nicht brauchen. Wir brauchen ihn nicht, weil das, was wir brauchen, Liebe ist, sonst nichts. Das werden wir angesichts der Aufgaben, die vor unserer und der nächsten Generation stehen, zu entfalten haben. Wir werden zu zeigen haben, was Liebe konkret heißt. Dabei werden Fragen nach der Art, dem Maß und den Wirkungsbereichen der Liebe sich als törichte Fragen herausstellen. Wir werden darauf stoßen, daß Liebe unteilbar ist, daß sie nicht aufgestückelt werden kann in sexuelle Liebe, karitative Liebe und Liebe im gesellschaftlich-politischen Bereich. Wir wissen schon heute, daß diejenigen, die die Kräfte sexueller Liebe verdammen, Menschen auch zu helfender und barmherziger Liebe unfähig machen.

Wenn wir in Zukunft von Gott noch etwas sagen können, dann nur dies: Gott ist, daß wir lieben können. Gott ist die Kraft, das Feuer, das unsere Liebe trägt. Wenn wir so weit gekommen sind, wird die Angst vor der Banalität aufhören. Wir werden auch nicht mehr dem Irrglauben anheimfallen, Christus spreche unser Über-Ich an und fordere Unerfüllbares von uns, weil wir wieder wissen, daß er unser Herz immer schon bewegt. Wir sollten aufhören, Gott zu suchen. Er ist längst da.

Die Gesellschaft
der Räuber und Passanten

Herbst 1973

Auf einer Tagung mit deutschen und französischen Arbeitern traf ich Victor, der seine Lebensgeschichte erzählte. Er hatte bei einem Unfall zwei Rippen verloren, und der Arzt hatte ihm das Heben schwerer Lasten verboten. Die Werksleitung schickte ihn an einen neuen Platz, wo er mit einem Kollegen zusammenarbeitet. Es war in der Metallindustrie, die einzige Fabrik in einer kleinen südfranzösischen Stadt, und es gab öfter Lasten zu tragen. Victor erklärte seinem Kameraden, daß er als Beschädigter dabei nicht mit anfassen könne. Der glaubte ihm nicht und hielt ihn für einen Drückeberger. Schließlich zog Victor sein Hemd aus und zeigte das Loch im Rücken vor. Der Kollege verstand.

Aber nach einigen Tagen wurde Victor an einen anderen Platz versetzt. Er war Kommunist, und man fürchtete seinen Einfluß auf die weniger geschulten Arbeiter. Diesmal waren es zwei sehr viel jüngere Kollegen. Während Victor sich noch Mühe gab, sein Gebrechen zu erklären, fuhr einer der beiden von hinten mit einem Transportwagen auf ihn zu. Er konnte noch gerade zur Seite springen. Dann mußte er wieder sein Hemd ausziehen, um anerkannt zu werden. Dies wiederholte sich im Verlauf von vier Wochen sechsmal. Jedesmal erklären, beteuern, versichern und schließlich beweisen, was zufällig sichtbar war. Die Werksleitung konnte Victor nicht kündigen, darum versuchte sie es, ihn durch die Versetzungen loszuwerden. Es gab aber keine andere Arbeitsmöglichkeit, Victor hatte keine Wahl.

Als er das erzählte, fiel mir wieder ein, was körperliche Scham bedeutet und wie man Menschen durch physische Beschämung fertigmachen kann. In dieser Lage der physischen Beschämung und der ökonomischen Abhängigkeit konnte sich Victor den Luxus einer politischen Meinung oder gar Aktivität nicht leisten. Er war den Umständen völlig ausgeliefert. Er war das Opfer, ausgezogen, bedroht und gejagt.

Auch das ist eine Geschichte von einem, der den Räubern in die Hände fiel. Jesu Erzählung spricht über das Verhalten von vier verschiedenen Gruppen von Menschen. Da gibt es Räuber und Opfer, da gibt es Vorübergehende und Helfer. Diese vier Rollen konstituieren das Modell Jesu. Und vielleicht war das Interesse Victors, als er uns diese Geschichte erzählte, dem Interesse Jesu ähnlich: Er wollte herausfinden, auf welche Seite wir gehörten.

In einem Bericht über die Akkordlerinnen in einer Radiofabrik lese ich, wie es älteren Arbeiterinnen geht: »Frau Heinrich ist 33 Jahre, seit zwölf Jahren Akkordarbeiterin, sie hat einen fünfjährigen Sohn, ihr Mann ist Arbeiter in der gleichen Fabrik und Vertrauensmann bei der Gewerkschaft. Frau Heinrich bekäme Schwierigkeiten, wollte sie mit 33 Jahren die Fabrik wechseln. Eine Akkordarbeiterin gilt nach zehn Jahren als alte Arbeiterin. Die neue Fabrik, falls sich Frau Heinrich bewerben wollte, würde eher drei junge Arbeiterinnen einstellen, alle drei anlernen, in Kauf nehmen, daß zwei während der Anlernzeit wieder kündigen, die dritte vielleicht nur ein paar Jahre bleibt, als das Risiko einzugehen und Frau Heinrich einzustellen, die zwar eine alte erfahrene Akkordlerin ist, die sich schnell einarbeiten würde, aber bei der nach zwölf Jahren Akkordarbeit eine oder mehrere chronische Krankheiten da sind, die lange Fehlzeiten für

114

die neue Fabrik bedeuten könnten. Das weiß Frau Heinrich auch, außerdem könnte sie sich in einer neuen Fabrik gar nicht verbessern. Sie hat sich im Lauf der zwölf Jahre auf einen Stundenlohn von 5,– DM (1970) hochgearbeitet. Neben sich, im Seitenfach der Maschine, hat sie eine ganze Apotheke, die sie dazu braucht, Schmerztabletten für jede Art von Schmerzen in verschiedenen Stärken, um die Schmerzen wegzuschieben, um den Akkord zu schaffen.

Frau Heinrich ist seit zwölf Jahren Akkordarbeiterin. In der Zeit hat sie am Band gearbeitet, Schicht gemacht, in der Zeit hat sie ihr Kind gekriegt und am wenigsten verdient, weil sie keinen Akkord arbeiten konnte, anschließend hat sie für die Firma Heimarbeit gemacht, und nachdem sie einen Krippenplatz bekommen hatte, ging es wieder los mit dem Akkord . . . Frau Heinrich steht nie auf während der acht Stunden. Sie geht zur Frühstückspause und zur Mittagspause fünf Minuten später und fängt bei beiden Pausen auch früher wieder an. Zum Feierabend, wenn andere schon ihre Maschine abwischen und die Taschen packen, kippt Frau Heinrich noch einen Kasten Material auf der Maschine aus und schweißt noch 50 Füße. Frau Heinrich macht eine kurzzyklische Arbeit. Sie schweißt 3140 Füße am Tag.«

Der Bericht erklärt, wie man in eine Lage kommt, in der man aufgrund wachsender ökonomischer Abhängigkeit die Fabrik nicht mehr wechseln kann. Wenn Arbeiterinnen heiraten, Kinder bekommen und älter werden, ist dies praktisch ausgeschlossen. Die Jugendlichen arbeiten zunächst im Zeitlohn, der Akkord beginnt für sie erst mit 18 Jahren. Sie »schieben den Akkord weg, so als müßten sie nie Akkord arbeiten. Da sie noch nicht auf Stückzahlen festgelegt sind, können sie häufig von ihren Plätzen aufstehen, in der Halle und in der Fabrik rumlaufen, andere Jugendliche am Arbeitsplatz besuchen und Zigarettenpausen machen. Wenn für die Jugendlichen der Akkord beginnt, reagieren sie darauf oft mit Kündigung. Sie sagen häufig vorher schon: Wenn ich 18 bin, haue ich hier ab. Sie versprechen sich von der neuen Fabrik eine nicht so hohe Stückzahl. Wenn sie wechseln, haben sie in der neuen Fabrik noch mal eine Anlernzeit von zwei oder drei Monaten, dann müssen sie Akkord arbeiten. Der Anfangsakkord ist so hoch, daß die Jugendlichen, wenn für sie der Akkord beginnt, den Anfangsakkord einfach nicht schaffen können. Den Anfangsakkord schaffen nur die, deren ökonomische Abhängigkeiten so groß sind, daß sie darauf angewiesen sind, diese und keine andere Arbeit zu machen . . .«

In Jesu Geschichte gibt es Räuber und Opfer, Zuschauer und Helfer. Die Menschen, die dieses Buch über die Geschichte vom Samariter lesen werden, sind kaum die, die in die Lage kommen, Akkord arbeiten zu müssen. Sie gehören also sicher nicht zu den Opfern. Ich weiß nicht, ob sie sich den Räubern zurechnen müssen. Wie dem auch sei, Jesus hat die Geschichte nicht für Räuber erzählt. Für Räuber gibt es im Evangelium einige andere Geschichten, zum Beispiel die von den beiden Kriminellen am Kreuz. Jesus hat die Geschichte auch nicht für die Opfer erzählt. Von dem Überfallenen handeln ja nur zwei Sätze, dann wendet sich der Blick den andern zu, die vorübergehen. Jesus hat die Geschichte für die Leute vom Typ »Zuschauer«, »Passant« erzählt. Vielleicht ist unter ihnen einer, der fragt: Was haben denn die Akkordarbeiterinnen in Berlin mit dem Mann, der zwischen Jerusalem und Jericho unter die Räuber fiel, zu tun? Ja, was eigentlich? Wer ist denn mein Bruder, und was heißt »ein Mensch wie ich«? Wollen die Arbeiterinnen denn nicht selber lieber im Akkord arbeiten? Sind sie nicht »ganz anders« als ich veranlagt und geworden? Und was geht mich das an?

Die Frage: »Wer aber ist mein Bruder?« ist vielleicht die schrecklichste Frage, die einer stellen kann. Er muß

116

sich vorher blind gemacht haben, denn wenn er nur für kurze Zeit die Augen öffnete, könnte er so nicht mehr fragen. Er muß sich vorher taub gemacht haben, daß kein Schrei und kein Weinen an ihn kommt. Er ist das funktionierende Teilchen einer Maschine geworden, er kennt sich selber nicht, wenn er so fragt. Er ist unbrüderlich geworden, er kennt keine Egalité. Er ist ein Passant geworden. Die Gesellschaft, in der wir leben, scheint oft nur zwei Möglichkeiten aus dem Modell Jesu offenzulassen: Räuber- oder Passant-Sein. Die Räuber- und Passantengesellschaft kann Menschen in Verzweiflung stürzen, eine Verzweiflung, in der das Samariterbeispiel wirkungslos wird. Unter Räubern und Passanten lebend, scheint es vielen sinnlos, so zu sein wie der Samariter. Sie suchen den Weg blinder, hilfloser Gewalt.

Ich möchte noch eine dritte Geschichte erzählen. Sie handelt von der Frau, die den Bericht über die Akkordlerinnen geschrieben hat. Eine Zeit später kam diese Frau, eine dreiunddreißigjährige Journalistin, in den Verdacht, eine Verbindung zur Baader-Meinhof-Gruppe zu haben, und wurde festgenommen. Sie ließ sich widerstandslos verhaften, sie war unbewaffnet. Sie war auch gesund. Nach etwa einem Jahr verschärfter Untersuchungshaft stand sie körperlich und psychisch vor dem Zusammenbruch. Ihre Anwälte schreiben: »Sie ist völlig abgemagert (48,5 kg bei 170 cm Größe), hat in immer kürzeren Abständen Schwäche- und Schwindelanfälle, Herzattacken, dazu ständig Sehstörungen. Seit dem 11. Dezember 1972 ist Marianne Herzog nicht mehr imstande, das Bett in ihrer Zelle zu verlassen. Sie hat ständig Fieber (bekommt aber nicht einmal ein Thermometer), verstärkte Sehstörungen, Schmerzen, dazu die Gleichgewichtsstörungen und Schüttelfrostanfälle bei jedem Aufstehversuch . . .« Der Antrag, einen privaten Arzt in die Anstalt schicken zu können, wurde abgelehnt.

Nach dem Gesetz gilt der Untersuchungshäftling als

unschuldig bis zu seiner rechtskräftigen Verurteilung. Diese Art Haft soll dem Zweck dienen, eine Flucht des Verdächtigen und eine Verdunkelung des Sachverhalts zu verhindern. Was aber hier in deutschen Gefängnissen geschieht, ist durch die totale Isolation von der Außenwelt zu einer Art systematischer psychischer Zerstörung des Häftlings geworden. Totale Isolierung bedeutet: allein sein in einem sonst unbewohnten Flur, abgeschnitten von allen menschlichen Geräuschen wie Kommen oder Gehen; Verbot der Teilnahme an jeder Gemeinschaftsveranstaltung; Sonderhof als einzige Bewegungsmöglichkeit, in Begleitung eines bewaffneten Beamten. Der normale Häftling hat das Recht auf zwar kontrollierten, aber sonst ungehinderten schriftlichen und mündlichen Verkehr mit der Außenwelt, auf Besuche; werden diese Rechte verweigert, wird der Empfang von Post verboten und werden nur Verwandte zu Besuch zugelassen, so kann die totale Isolation den Charakter einer raffinierten Methode der Folterung annehmen. Marianne Herzog wurde, total geschwächt, im Frühjahr 1973 aus der Haft entlassen, aber bereits nach vier Wochen wieder erneut festgenommen.

In der Gesellschaft der Räuber und Passanten werden die Opfer verschwiegen und versteckt. Niemand hat sie gesehen, niemand hat sie gehört. Verschleiert wird auch der Zusammenhang der heute erzählten Geschichten mit der alten Geschichte, die Jesus erzählt. Ja, die Wirkung der Geschichte von der Barmherzigkeit ist oft gerade die, daß keine neuen Geschichten dieser Art erzählt werden. Die Anbetung des Bibel-Papiers geht so weit, daß der andere, der bessere Umgang mit Jesu Geschichten zerstört wird. Man wiederholt und deutet die alte Geschichte, statt sie im Sinne Jesu entsakralisiert zu benutzen, sie weiterzuerzählen.

Woran liegt das? Haben wir nichts weiterzuerzählen, weil es in unseren Geschichten nur noch drei Figurengruppen gibt: die Opfer, die Räuber und die vielen Passanten, die sehen und weitergehen? Die Geschichte vom Samariter ist tröstlich und schön. Schon der dritte, der vorüberging, erwies sich als ein Mensch. Wenn ein Drittel der Bevölkerung in unserem Lande so handelte wie er, könnte es diese Art von Akkordarbeit und von Untersuchungshaft nicht mehr geben. Aber für all die Geschichten, die von heute handeln, weiß ich keinen guten Schluß. Wie würde Jesus sie zu Ende erzählen? Wer ist den Überfallenen, den Gedemütigten, den um ihr Leben Betrogenen »ein Bruder« gewesen? Wer stand ihnen bei? Wer?

In der Räuber- und Passantengesellschaft werden immer mehr Menschen Zuschauer. Zuschauer des fremden, Zuschauer auch des eigenen Lebens. Sie nehmen ihren Anteil im Zuschauen – beim Sport, beim Spiel, beim Leiden der andern. Jesus erzählte seine Geschichte in einem ganz bestimmten Interesse: er wollte die Anzahl der Zuschauer verringern zugunsten derer, die mit-leidend mithandeln.

Selig sind, die da Angst haben

Dezember 1974

Sie hören einen Text aus dem Markusevangelium, Kapitel 4, Vers 35:

Und an jenem Tag sagte er zu ihnen, als es Abend geworden war: Laßt uns an das jenseitige Ufer fahren. Und sie verließen das Volk und nahmen ihn, wie er war, im Schiff mit, und andere Schiffe waren bei ihnen. Und es erhob sich ein großer Windsturm, und die Wellen schlugen ins Schiff, so daß das Schiff sich schon füllte. Und er schlief im Hinterteil des Schiffes auf einem Kissen. Und sie weckten ihn und sagten zu ihm: Meister, kümmert es dich nicht, daß wir untergehen? Und nachdem er erwacht war, da drohte er dem Wind und sprach zum See: Schweig, verstumme! Da legte sich der Wind, und es trat eine große Windstille ein. Und er sprach zu ihnen: Warum seid ihr so furchtsam, habt ihr noch keinen Glauben? Und sie gerieten in große Furcht und sagten zueinander: Wer ist doch dieser, daß ihm der Wind und sogar der See gehorsam sind?

Liebe Gemeinde! Diese Geschichte gehört unter die sogenannten Naturwunder, das sind Geschichten, die in der ausgehenden Antike sehr oft erzählt wurden, von gottbegnadeten großen Männern, die die Kraft hatten, über die Natur zu bestimmen und etwa das Wetter zu ändern. Ich glaube aber, daß für uns die Durchbrechung der

121

Naturgesetze nicht so interessant ist wie vielleicht die Durchbrechung der Psychogesetze, das heißt der Gesetze, die im Dschungel der Gesellschaft herrschen. In der Tat ist unser Schiff nah am Kentern. Ich brauche Sie nur zu erinnern an die Wachstumskrise, an die Versuche, zu einem Nullwachstum als dem einzig Vernünftigen zu kommen, an die Bedrohung der Arbeitsplätze. Wir wissen tatsächlich nicht, ob in der nächsten Generation es die Menschen warm haben werden und ob sie eine Arbeit finden. Und vom Hunger brauchen wir für den größten Teil der Welt nichts mehr zu sagen, wir wissen, wie es aussieht. Unser Schiff ist nahe am Kentern, das heißt das Schiff der Welt und vor allem das Schiff der reichen Industrienationen, zu denen wir gehören. Wir wissen auch, daß der Mangel und die Schwierigkeiten der Verteilung, die auf uns zukommen, zu neuen Formen des Hasses, des Kampfes, der Angst, ja des Faschismus führen werden. Unser Schlaf ist bedroht, und zwar auch dann, wenn keine besondere Gefahr erkennbar ist; immer weniger Menschen erfreuen sich eines ruhigen, gesunden Schlafes. Wir haben Angst, und zwar in den verschiedensten Formen.

Man kann die Ängste der Menschen einteilen in die, die immer gegeben sind, die einfach mit unserer Lage als endliche Wesen mit unendlichen Ansprüchen gestellt sind, und in die Ängste, die durch gesellschaftliche Ursachen entstehen. Aber im allgemeinen verbinden sich beide Ängste eng miteinander und gehören zusammen und bedrohen die Menschen gemeinsam.

Ich habe von einer Arbeiterin gelesen, die an ihrem Arbeitsplatz an einer Maschine steht; und immer, wenn der Meister, der die Eigenart hatte, von hinten an sie heranzutreten, zu ihr kam, zuckte sie zusammen am ganzen Körper, das 30 Jahre lang, an jedem Tag 6–7 Mal, wie oft er vorbeikam. Sie hatte dann das, was man einen »Tick« nennt, und wurde entsprechend behandelt ... Es gibt sehr viele Formen von Ängsten, mit denen wir leben, und ich meine nicht nur die großen, allgemeinen Ängste, die vor dem Tod, vor Schuld und der Sinnlosigkeit, ich meine auch die Ängste, die aus konkreten Anlässen und gesellschaftlichen Situationen, die Sie alle kennen, entstehen, die mehr und mehr Menschen bedrücken.

Die Geschichte, die ich eben vorgelesen habe, ist einfach, sie ist so einfach, wie Jesu Botschaft immer das Einfache ist, was schwer zu machen ist. Der Inhalt dieser Geschichte heißt Angst oder Glauben, und sie wirbt darum, zu glauben. Was seid ihr so voll Angst, sagt Jesus, warum habt ihr nicht Glauben? Was seid ihr so voll Angst, warum glaubt ihr nicht? Glauben bedeutet nicht, keine Angst mehr haben, nicht einfach damit aufhören, das wäre eine sehr naive Vorstellung vom Glauben und eine gewisse Mißachtung der menschlichen Seele, die sich nicht so ohne weiteres umfunktionieren läßt. Ich glaube, daß in unserer Gesellschaft die meisten Menschen mit der Angst so umgehen, wie sie es gelernt haben, nämlich mit einer Art Vermeidungsstrategie; sie gehen ihr aus dem Weg, sie geben sie nicht zu, sie geben sich stark, denn das Ideal vieler Menschen ist der Starke, Zweifelsfreie, Ungebrochene, der mit lauter Stimme und entschiedenem Schritt. Wenn ich Sie an ein Reklamebild erinnern darf, dann würde ich sagen: Der Mann, der Lincoln raucht, das ist das Ideal, nach dem viele Menschen streben. Wenn das das Ideal ist, diese Ungebrochenheit und diese Stärke, dann wird Angst zu einem Kennzeichen der Schwäche, die man sich nicht erlauben darf, und zu einem Kennzeichen, das man überwinden muß. Das meine ich mit Angst vermeiden. Denn solche vermiedene Angst, unterdrückte Angst ist damit ja nicht verschwunden. Die unterdrückte Angst kann grade nicht überwunden werden; alles, was wir verdrängen, kommt wieder und rächt sich im Leben.

So schläft auch Jesus in unserer Geschichte nicht aus

Naivität oder aus Gleichgültigkeit, sondern aus einem anderen Grundgefühl, das hier mit dem Wort Glauben beschrieben wird. Das bedeutet aber nicht, daß er selber angstlos gewesen wäre. Im Evangelium ist überliefert, daß er Blut schwitzt und daß er Tränen weint. Beide Züge wurden schon in der alten Kirche als sehr anstößig empfunden, und einige Leute, die die Bibel abgeschrieben haben, haben diese Züge weggelassen, weil es zu ihrem Idealbild nicht paßte, weil sie lieber einen starken Jesus haben wollten als einen, der weint oder schwitzt vor Angst.

Wir haben mit Hilfe der psychoanalytischen Theorie eine Erklärung für Angst bekommen. Die Psychotherapeuten sagen, daß alle Angst aus Trennungsangst besteht, und einige von ihnen führen diese Trennungsangst zurück auf das entscheidende Erlebnis, das jeder Mensch hat am Anfang seines Lebens, nämlich auf seine Geburt. Der Übergang von einem Stadium, in dem es dunkel und warm war und in dem man alles von selbst bekommt, ohne sich anstrengen zu müssen, also das Stadium, das wir alle einmal im Leib unserer Mutter erlebt haben, in ein Stadium, in dem es hell ist, kalt, und in dem man Hunger und Durst erfährt und erleidet. Dieser Übergang ist eine Basis der Angst, die man immer wieder später im Leben aktualisiert. Die Kirchbauer haben sehr viel von diesen Dingen gewußt, und die meisten Kirchen versprechen in einer hellen, kalten und feindlichen Welt ein Stück Dunkel, Wärme und Geborgenheit. Die späteren Ängste knüpfen an die Angst davor, getrennt zu werden von dem, was man braucht, an. Die Ängste davor, verlassen zu werden von dem Menschen, den man liebt, eine vielleicht für sehr viele Frauen typische Angst, die Angst davor, den, den man liebt, oder die, die man liebt, zu verlieren, etwa die Angst vor dem Verkehrsunfall. Ängste, die unser Leben begleiten und die alle damit zusammenhängen, daß wir nicht getrennt, allein gelassen werden wollen, nicht vereinzelt werden wollen, sondern daß wir ein tiefes Bedürfnis haben, nein, es ist unser tiefstes Bedürfnis: miteinander zu sein oder in der Vereinigung zu leben.

Auch Jesu Angst war eine Angst davor, getrennt zu werden. Denken Sie an den Psalm, den er im Tod gebetet hat und der mit den Worten beginnt: Mein Gott, warum hast du mich verlassen? Die Angst davor, von Gott verlassen zu werden, ist die tiefste Form der Trennungsangst. Aber auch alles, was wir an Sünde erfahren, ist eine Angst davor, voneinander getrennt zu sein durch Schuld. In der Sünde trennen wir uns vom andern, indem wir ihn beherrschen oder ausnutzen oder ausbeuten wollen, und leben dann getrennt von ihm. Ich meine, wir sollten uns abgewöhnen, die Sünde als eine private Sache anzusehen, die im wesentlichen zwischen einzelnen Menschen geschieht. Ich glaube, die Sünde, in der wir leben, ist eine, die uns von der gesamten Menschheit trennt. Wir sind die, auf die mit Fingern gewiesen wird im Gericht, wir, die mit den weißen Gesichtern und mit den langen Nasen, wie die Asiaten sagen, die Reichen, Satten, Mächtigen, die zusehen und daran verdienen, daß die übrigen zugrunde gehen. Diese Trennung von der gesamten Menschheit, die es möglich macht, daß die Weißen die Verachtetsten und Gehaßtesten sind in der Welt, entsteht aus unserer Sünde, das heißt aus unserer Welt, die auf Profitinteresse und Aggression aufgebaut ist.

Unsere Welt erscheint den meisten Menschen – und ich denke da gerade an junge Leute und ihre Zukunft – durch zwei Bilder bestimmt. Das Leben stellt sich dar einmal als eine Fabrik, als ein Großraumbüro, ein Ding, wo etwas produziert und gemacht wird, und dann gibt es daneben noch ein Kaufhaus oder einen Supermarkt, wo man alles kriegen kann. Darüber hinaus gibt es keinen Weltentwurf. Das ist das Leben, es besteht aus diesen beiden Dingen, man kann leisten und produzieren, dann kann man kaufen und konsumieren. Zwischen diesen beiden Welten oder zwischen diesen beiden Bereichen gibt es nichts anderes. Ich glaube, die Angst vieler junger Menschen vor der Sinnlosigkeit, die sie in den Selbstmord führt oder zum Rauschgift, oder zum Alkohol, hat hier ihre Ursache. Daß kein anderer Welt- und Lebensentwurf da ist als dieser in der Tat Angst machende. So haben wir Angst vor der Schuld, vor der Sinnlosigkeit, und unsere tiefste Angst ist sicher die vor dem Tod, weil er die tiefste Trennung bedeutet.

Der Glaube an Christus ist ein radikaler Versuch, die Angst zu überwinden. Warum habt ihr soviel Angst, warum habt ihr nicht Glauben? fragt Jesus die Jünger in dem Schiff, und so fragt er uns auch. Warum haben wir nicht die Kraft, die Angst zu überwinden, alle Trennungsängste zu überwinden, indem wir sie nicht verstecken, sie aber dann aufheben in etwas, das uns sagt, daß wir nicht getrennt und allein sind. Gott sagt uns: Du bist nicht allein, du bist nie allein, du bist auch im Sterben nicht allein, du bist niemals abgeschnitten von dem Strom der Liebe; einmal in ihn eingetaucht, einmal berührt von dem Strom der Liebe, gibt es kein Abgeschnittensein mehr, es gibt keine wirkliche Trennung von Gott, sondern Gott ist bei uns und will immer bei uns sein, er will uns an diesen Stromkreis der Liebe anschließen, so daß wir sie niemals vergessen können. Was seid ihr so voll Angst, warum habt ihr keinen Glauben? Der Glaube, sagte ich eben, nimmt die Angst an, er verdrängt sie nicht, gibt sie zu, aber er läßt sie nicht so, wie sie ist. Er bearbeitet sie.

Das Reich Gottes ist, wenn man an die ältesten Visionen darüber denkt, nicht so zu denken, daß alles Alte und Frühere kaputtgeschlagen wird, wenn das Neue kommt. Vielmehr wird alles gebraucht und umfunktioniert. Aus den Schwertern und Spießen werden Sicheln und Pflüge gemacht, aus den Panzerwagen und Tanks, für die wir in dem Land, aus dem ich komme, Millionen vergeuden,

126

werden dann Schulbusse gemacht, aus den Mordinstrumenten werden Friedensinstrumente. Auch unsere Angst ist ein Mordinstrument, eine Waffe, und zwar eine Waffe, die wir gegen uns selber richten. Mit der Angst bedrohen wir uns selber, wir zerstören uns selber, wir halten uns in Schach mit der Angst, wir beschäftigen uns selber mit der Angst, wir geraten in einen Kreislauf, in einen Zirkel. Die Angst ist ein Gefängnis, in das wir uns einschließen, und wir sind selber der Wächter und der Gefangene. Wir können sie aber, und das sagt der Glaube, bearbeiten, wir können aus dem Schwert den Pflug machen, wir können aus dem Gefängnis eine Art Versammlungsraum machen oder eine Kirche, wenn man nicht an die institutionelle Kirche denkt, sondern an den schönen Sinn, den Angela Davis mit dem Wort gegeben hat: Eine Kirche ist ein Ort, wo man frei sprechen kann – also angstfrei sprechen kann. Wir können unsere Angst umfunktionieren, wir können die Energie unserer Ängste, die große Kraft, die wir auf sie verwenden, auch verändern und gebrauchen zu andern Dingen. Wir können frei werden von dem Zwang, über unsere Ängste nachzugrübeln, ihnen immer wieder nachzuhängen, wir können aus ihnen ein produktives Instrument, ein Instrument des Friedens und der Gerechtigkeit machen. Selig sind, die da Angst haben, sie werden den Frieden bauen.

Um das zu lernen, genügt es nicht, als einzelner in die Kirche zu gehen, überhaupt als einzelner zu leben. Die wirkliche Verwandlung der Ängste und ihre Aufarbeitung geschieht in Gruppen. Ich denke da etwa an die Technik der Gruppendynamik, die von diesen Fragen ausgeht. Sie ist eine Art Schmiedetechnik, in der Ängste verändert werden sollen; aber man muß natürlich wissen, wozu man den Pflug und den Schulbus und den Versammlungsraum, also alle diese umfunktionierten Mordinstrumente, braucht, wenn man mit der Umfunktionierung anfangen will. Angst umbauen, glauben lernen heißt heute zweierlei, zuerst frömmer werden, radikaler werden, sich gründlicher auf den Glauben einlassen, und es heißt zugleich damit kritischer werden, radikaler werden, sich gründlicher auf die Unterdrückten und die Ausgebeuteten in der ganzen Welt einlassen. In die realen Kämpfe gehen, gemeinsam da hineingehen, und wegen der größeren Vision auch die größere Angst benutzen und gebrauchen.

In der Welt habt ihr Angst, aber seid getrost, ich habe die Welt überwunden. Ich glaube, wir verstehen Jesus falsch, wenn wir ihn als eine Art Superstar ansehen, der ganz von oben (so wie ich hier auf der Kanzel etwas merkwürdig stehe) spricht. Jesus spricht nicht von oben, und er sagt das nicht als der, der oben ist, zu uns, die ganz unten und die ganz klein sind. Jesus ist nicht unser Herr, sondern unser Bruder und unser Freund, das heißt, dieses Wort – in der Welt habt ihr Angst – soll uns dahin bringen, daß auch wir eines Tages sagen können: In dieser Welt, die aus Konkurrenz und Aggressionen gemacht ist, haben wir Angst, aber wir gehören schon jetzt in eine neue, andere Welt hinein. Wir, nicht nur Jesus, sondern wir alle, die dann Jesus Christus geworden sind. Amen.

Brich dem Hungrigen dein Brot

1977

Löse die Fesseln der Ungerechtigkeit
Sprenge die Bande der Gewalt
Gib frei die Mißhandelten
Jedes Joch sollt ihr zertrümmern
Brich dem Hungrigen dein Brot
Die Obdachlosen führe in dein Haus
Wenn du einen nackt siehst, so kleide ihn
Entzieh dich nicht deinen Brüdern.
Dann wird dein Licht hervorbrechen
  wie die Morgenröte
Deine Heilung wird schnell wachsen.
Deine Gerechtigkeit wird vor dir hergehen
Und die Herrlichkeit des Herrn dir folgen
Dann wirst du rufen und er antwortet dir
Wenn du schreist, wird er sagen: siehe, hier bin ich.
Wenn du aus deiner Mitte entfernst
  die Unterjochung, das
Mit Fingern deuten und das schlimme Gerede
Wenn du den Hungrigen dein Herz finden läßt
Und die niedergeschlagene Seele sich sättigen läßt
So wird dein Licht in der Finsternis aufgehen
Und dein Dunkel wird sein wie der helle Mittag.
Dann wird der Herr dich allezeit leiten
Und deine Seele sättigen selbst in der Dürre
Er wird deine Glieder mit Kraft erfüllen
Du wirst sein wie ein bewässerter Garten

Und wie ein Wasserquell, der nie versiegt
Durch dich soll aufgebaut werden
Was lange wüst gelegen hat
Die Grundmauern vergangener Geschlechter
Wirst du wiederaufrichten
Dann wirst du einen Namen bekommen, der heißt
»Der die Risse vermauert« und
»Der Trümmer zum Wohnen wiederherstellt«.
Jesaja 58,6–12

Einen Bibeltext liest man am besten mit einer Brille, die aus den Nachrichten der Tageszeitung gemacht ist. In eine fremde Kultur einzutauchen und eine uralte Sprache zu hören hat nur Sinn für Menschen, die tief genug in ihre eigene Zeit eingetaucht sind und die eine Sensibilität für ihre eigene Welt haben, die vielleicht der des Propheten Jesaja vergleichbar ist. Jesaja nimmt wahr, was in seinem Volk, in seiner Gesellschaft geschieht. Er sieht zu Unrecht Eingekerkerte, er sieht Mißhandelte, Unterdrückte und Menschen, die unter der Gewalt leiden.

Wir brauchen dabei heute nicht nur an andere totalitäre Staaten zu denken, es gibt auch in den demokratischen Ländern Menschen, die in den Fesseln der Ungerechtigkeit gefangen werden. Ich denke an eine Frau aus einer Obdachlosensiedlung. Sie hat acht Kinder, der Mann arbeitet nur gelegentlich. Jede Woche kommen Möbelverkäufer, Vertreter mit teuren Uhren oder Farbfernsehern in diese Siedlung. Die Frau, die ich kenne, ist zu schwach, ihrem Redeschwall, ihrer Verführung zu widerstehen. Sie kauft überflüssige Dinge auf Raten und unterschreibt Verträge, die einlaufenden Geldforderungen bezahlt sie die erste Zeit, dann werden sie vergessen, dann hinter den Spiegel gesteckt. Mahnungen und Klagen helfen nichts. Vor kurzem wurde sie für zwölf Wochen ins Gefängnis gesperrt. Der Richter bedauerte das wegen der Kinder, aber er müsse dem Gesetz folgen. Die Gesetze sind orientiert an den Vorstellungen vom Eigentum, das zu schützen ist. Der Schutz des Eigentums rangiert weit über dem Schutz von Kindern. Jesaja sagt: »Löse die Fesseln der Ungerechtigkeit, laß die Mißhandelten frei, jedes Joch, jede Form der Herrschaft von Menschen über Menschen sollt ihr zertrümmern.« Wir können wissen, was das bedeutet.

Jesaja spricht sein Volk und nicht den einzelnen an, es ist politisch gemeint, wenn er davon spricht, daß »du den Hungrigen dein Herz finden läßt«. Hätten die Hungrigen unser Herz gefunden, so wäre auch unsere Rationalität und unsere Phantasie gewonnen.

»Brich dem Hungrigen dein Brot«, wir wissen genau, es bedeutet das, was die Unctad-Konferenz jetzt wieder analysiert hat, es bedeutet zum Beispiel ein Verbot für den Anbau von Zucker in den reichen EWG-Ländern, eine Senkung der Zölle für die Einfuhr von Rohrzucker. »Führe die Obdachlosen in dein Haus«, wir wissen genau, wie das gemeint ist. Wir bauen unsere Städte nicht für die Leute, die darin wohnen, sondern für das Kapital, das darin wächst. Unsere Gesetze sind behilflich, immer mehr Obdachlose zu produzieren. »Entziehe dich nicht deinen Brüdern«, sagte Jesaja. Glaube nicht, Politik sei ein zu schmutziges Geschäft für dich; tu lieber deinen Mund auf für die Stummen, zum Beispiel für die Kinder der Obdachlosen. Unsere Städte sind verödet, sie sterben an Banken und Versicherungspalästen. »Durch dich soll aufgebaut werden«, sagt Jesaja, »was lange wüst gelegen hat. Dann wirst du einen Namen bekommen, der heißt ›der Risse vermauert‹ und ›der Trümmer zum Wohnen wiederherstellt‹.«

Vielleicht werden Sie fragen, liebe Hörer, ob wir nicht das, wovon die Rede ist, überall hören können. Humanisten und Sozialisten sagen es genauso, vielleicht besser. Sie arbeiten wie wir Christen an der Veränderung unserer Welt, vielleicht gründlicher. Was ist dann das eigentlich Besondere am Christentum?

Ich glaube, zunächst ist es die Sprache, die hier gesprochen wird. Eine Sprache, die unser Herz anrührt, weil sie nicht einfach einen Katalog politischer Forderungen aufstellt, sondern weil sie um uns wirbt. Sie spricht eine große Verlockung aus, anders zu leben, als wir es tun. Der Text sagt nicht: So mußt du dich verhalten, sondern: So kann man leben. Diese Sprache verlockt zu einem reichen und starken Leben. Sie stellt uns Menschen vor Augen, die wie Könige sind: Die Gerechtigkeit geht vor ihnen her, und die Herrlichkeit des Herrn bildet die Nachhut. Menschen, die wie Brunnen sind und wie Licht. Menschen, gewöhnliche, normale wie wir alle, die Bauleute des Glücks geworden sind.

Der Text spricht vom Reichtum des Lebens. Spar dich nicht auf, sagt er. Dein Reichtum wächst mit deiner Verschwendung. Es ist der Reichtum, ein Mensch zu sein, von dem dieser Text spricht, nicht der, etwas zu haben. Der Reichtum, der im Haben besteht, sichert sich durch Besitz, Stand und Privilegien. Es ist ein Reichtum an Materialien, Reichtum an Totem und Erstarrtem; und es ist ein Reichtum, der dadurch zustande gekommen ist, daß andere arm gemacht worden sind. Darum kann er nur aufrechterhalten werden, solange Unterdrückung und Diskriminierung in unserer Mitte an der Tagesordnung sind. Der reiche Mensch, von dem Jesaja spricht, der mit dem Hungrigen das Brot teilt und mit dem in der Depression das Gespräch, ist reich nicht im Sinne des Habens, aber im Sinne der menschlichen Beziehung. Er hat viele Freunde. Es ist nicht ein innerer Reichtum gemeint, bei dem man über die äußere Unfreiheit und Armut einfach hinwegsehen könnte. Der reiche Mensch, wie Jesaja ihn sieht, nimmt Unrecht, Unterjochung, Zerstörung von Leben in der Gesellschaft wahr. Aber er findet sich nicht damit ab. Sein Leben hat eine Richtung, eine klare Tendenz, und sie geht darauf, daß alle einen Namen bekommen. Reich wird, wer Brüder gewinnt.

132

Jesaja spricht nicht zu Befehlsempfängern, die Aufträge bekommen. Er rechnet mit dem starken, dem reichen Menschen, der in der christlichen Tradition so oft verleumdet und kleingemacht worden ist. Aber der Prophet zählt auf solche Menschen, und er verlockt zur Schönheit eines wirklichen, eines erfüllten Lebens.

Das Evangelium – und unser Text ist reines Evangelium – ist schön. Es verspricht ein Leben ohne Verachtung des anderen und ohne Verachtung meiner selbst. Ein Leben ohne Zynismus, ein Leben ohne Angst, ein reiches Leben, in dem jede Stunde zählt. »Dann wird dein Licht hervorbrechen wie die Morgenröte.« Wo du verwundet bist, da wird die Haut schnell zuwachsen. Selbst in der Banalität des Alltags, in der wasserlosen Dürre der versteinerten Verhältnisse wird »deine Seele sich sättigen«. Und nichts wird sinnlos sein. »Dein Dunkel wird sein der helle Mittag.«

Wenn ich diesen Text höre, werde ich nicht unter neue Forderungen gestellt – die Forderungen sind alt und bekannt –, sondern ich werde zum Leben verlockt. So kann man leben, so will ich sein. So soll über mich gedacht werden, einen solchen Namen will ich gewinnen. Wenn ich den Text höre, weiß ich wieder: Wir sind stark, wir vermögen etwas, wir sind nicht entbehrlich. Wir müssen nicht das ganze Jahr über singen, daß mit unserer Macht nichts getan ist und daß wir verloren sind. Wir haben ein neues Lied: »Dann wird dein Licht in der Finternis aufgehen, du wirst sein wie ein bewässerter Garten und wie ein Wasserquell, dessen Wasser nie versiegt.« So soll es sein, so wird es sein. Ich werde einen Namen haben, ich werde Antwort bekommen, ich werde nicht mehr ein hilfloses, ängstliches Wesen sein, vielmehr wird die Wahrheit der Welt, der Sinn des Lebens offen zutage liegen. »Siehe, hier bin ich«, sagt Gott in diesem Text, nicht weit fort, nicht später einmal oder früher bei glücklicheren Völkern, sondern hier ist der Sinn des Ganzen: Entzieh dich nicht deinen Brüdern, dann wird dein Licht hervorbrechen wie die Morgenröte.

Das Christentum sagt nichts, was nicht auch an anderen Stellen der Welt zu hören wäre. »Wenn du aus deiner Mitte entfernst die Unterdrückung . . .« Nur formuliert es zugleich ein unendliches Versprechen: Nichts ist sinnlos. Wenn du dich auf die Bewegung der Liebe einläßt, wird deine Kraft gestärkt. Dein Reichtum wächst, je mehr du teilst. Wo immer du dich auf die Bewegung der Liebe einläßt, da ist die Liebe bei dir. Es gibt einen Himmel hier mitten unter uns. Wie sieht der aus?

»Der Rabbi Mendel, der wissen will, wie Himmel und Hölle aussehen, wird von dem Propheten Elia einmal mitgenommen. Und Elia führt ihn in einen großen Raum, in dem ein großes Feuer brennt und ein großer Tisch steht, und auf diesem wiederum steht eine große Schüssel mit dampfender Suppe. Um den Tisch herum sitzen Leute mit langen Löffeln, die länger sind als ihr Arm, so daß sie damit nicht essen können, und sie sitzen dort und müssen verhungern, weil sie mit diesen Löffeln nicht essen können. Rabbi Mendel findet diesen Raum und diesen Anblick so fürchterlich, und er rennt schnell hinaus.«

Dieser Raum ist also die Hölle, und das Bemerkenswerte an der Hölle ist nicht, daß da nichts zu essen wäre oder zu wenig. Es ist genug da, es ist ein großer Raum, alle haben Platz, ein gastliches Feuer brennt. Das Schreckliche ist, daß die Leute am gedeckten Tisch vor dem großen Topf mit Suppe verhungern müssen, weil die Löffel zu lang sind.

Ist der Mensch ein Wesen, das falsch konstruiert ist, das falsche, unbrauchbare Instrumente mitbekommen hat? Ist es sein Schicksal, mit den unbrauchbaren Löffeln hantieren zu müssen?

Die Geschichte schließt folgendermaßen: »Und dann führte Elia den Rabbi Mendel in den Himmel, in einen anderen Raum, in dem ein großes Feuer brennt und ein großer Tisch steht, auf diesem steht eine große Schüssel mit dampfender Suppe. Um den Tisch sitzen Leute mit den gleichen Löffeln, aber die müssen nicht verhungern, denn sie füttern sich gegenseitig.«

Himmel und Hölle sehen in dieser Geschichte ganz gleich aus, der gleiche Tisch, die gleiche Schüssel, die gleichen Löffel. Es sind also nicht Schicksale, die manche Menschen begünstigen und andere zurückstoßen. Wir haben alle einen Löffel mitbekommen, der zu lang ist, mit dem wir nichts anfangen können. Ob wir im Himmel sind, ob wir in der Hölle bleiben, es liegt an uns. Ob wir einen Namen bekommen, ein Garten werden, ein Licht sind, es liegt an uns. Wir können wählen.

Erinnert euch an den Regenbogen

Januar 1978

Erinnert euch an den Regenbogen. Stellt euch vor: einen großen Bogen von der Erde zum Himmel und wieder zur Erde. Wann hast du zum letzten Mal einen Regenbogen gesehen?

Wir haben heute die Anfänge neuen Lebens miteinander geträumt und meditiert, gespielt und miteinander geteilt. Ein neuer Anfang hat auch Wurzeln im Früheren; wenn ein neues Kind auf die Welt kommt, so ist ein neuer Anfang da, aber doch verbunden mit den Kindern, die früher waren. Darum will ich euch jetzt erinnern an die Anfänge neuen Lebens vor Jahrtausenden, an die Zeit, als ein neuer Bund gestiftet wurde im Interesse des Lebens. Ich denke an die Zeit nach der großen Flut: Noch ist die Erde von Wasser und Zerstörung bedeckt, eine ungeheure Katastrophe hat das Leben fast ganz vernichtet. Die Überlebenden bringen Gott ein Opfer.

»Und der Herr roch den lieblichen Geruch und sprach in seinem Herzen: Ich will hinfort nicht mehr die Erde verfluchen um des Menschen willen . . . Und ich will hinfort nicht mehr schlagen alles, was da lebet, wie ich getan habe. So lange die Erde steht, soll nicht aufhören Same und Ernte, Frost und Hitze, Tag und Nacht« (1. Mose 8,21f.).

Die Erde soll nicht verflucht sein um des Menschen willen. Die Erde soll ihren Rhythmus behalten und ihre Zeit, sie soll Samen und Ernte bringen, sie soll nicht unter Asphalt begraben sein, nicht vergiftet und zum Müll ausgelaugt werden. Frost und Hitze sollen unseren Körper berühren, daß unsere Zeit nicht in einem dauergeheizten Büro vergeht. Die Erde soll Erde bleiben trotz derer, die sie verkaufen und verpachten, ausplündern und zerstören. Wir wissen alle, wie leicht es ist, die Erde zu verfluchen um der Profitgier willen, die tief im menschlichen Herzen steckt. Es ist unmöglich, daß die Erde um des Menschen willen verflucht wird. Gott ist in dieser Geschichte *mit* der Erde, er stellt sich auf die Seite der mißhandelten Erde, die nicht mehr verflucht sein soll um der Menschen willen. Das Versprechen des Lebens ist mit uns gegen die Ausrottung.

Wir sind im Einklang mit den ältesten Traditionen der Menschheit, die davon handeln, wie Fluch und Bedrohung, Ausrottung des Lebens und Zerstörung überwunden werden. Diese Überwindung ist hier in Gott selber hineingespiegelt: Er wollte zunächst »schlagen« und »verfluchen«, aber nun gibt es einen Anfang neuen Lebens in ihm selber. Gott kehrt um, er ändert sich.

Vielleicht haben wir bislang auch einen verfluchenden Gott verehrt unter dem Namen des technischen Fortschritts, des Größer-Schneller-Mehr. Der alte Gott im Alten Testament war immerhin in der Lage, umzudenken und die Erde nicht mehr zu verfluchen. Wird der westlich-fortschrittliche Gott der Unterwerfung und Nutzbarmachung alles Lebendigen auch umlernen? Erinnert euch an den Regenbogen, das Zeichen für Gottes Umkehr.

Weiter sagte Gott zu Noah und seinen Söhnen mit ihm:

Siehe, ich richte mit euch einen Bund auf und mit eurem Samen nach euch. Und mit allem lebendigen Tier bei

138

euch, von allem, das aus dem Kasten gegangen ist, was
für Tiere es sind auf Erden. Und richte meinen Bund
also mit euch auf, daß hinfort nicht mehr alles Fleisch
verderbt soll werden mit dem Wasser der Sintflut und
soll hinfort keine Sintflut mehr kommen, die die Erde
verderbe. Und Gott sprach: Das ist das Zeichen des
Bundes, den ich gemacht habe zwischen mir und euch
mit allem lebendigen Tier bei euch hinfort ewiglich:
Meinen Bogen habe ich gesetzt in die Wolken, der soll
das Zeichen sein des Bundes zwischen mir und der
Erde. Und wenn es kommt, daß ich Wolken über die
Erde führe, so soll man meinen Bogen sehen in den
Wolken. Alsdann will ich gedenken an meinen Bund
zwischen mir und euch und allem lebendigen Tier in al-
lerlei Fleisch, daß nicht mehr hinfort eine Sintflut
komme, die alles Fleisch verderbe. Darum soll mein Bo-
gen in den Wolken sein, daß ich ihn ansehe und gedenke
an den ewigen Bund zwischen Gott und allem lebendi-
gen Tier in allem Fleisch, das auf Erden ist.«
1. Mose 9,8-16

Gott, so muß man sich das vorstellen, hatte einen Kriegsbogen, aus dem er Pfeile schoß, die Blitze. Aber jetzt legt
er diesen Kriegsbogen weg und benutzt das Kriegsinstru-
ment als Vertragssymbol. Der Regenbogen als Zeichen
des Friedens zwischen uns und der nie mehr verfluchten
Erde. Ich weiß, daß die Wolke über Hiroshima deswegen
nicht verschwunden ist und nicht zu vergessen ist. Aber
der Regenbogen erinnert mich an den möglichen Frieden, den versprochenen Frieden, den herzustellenden
Frieden. Wenn schon Gott in dieser Geschichte den Regenbogen braucht, um erinnert zu werden an das, was er
versprochen hat, wie sehr erst wir! Wir brauchen Zeichen,
Symbole, Erinnerungen. Es macht einen Unterschied, ob
in unserem Leben der Regenbogen vorkommt, oder ob
wir nur noch Befehlssymbole wie: rot–warten, grün–fah-

ren wahrnehmen. Erinnert euch an den Regenbogen: Frieden zwischen Gott und der Erde.

Wir brauchen den Regenbogen, weil er aus Wasser und Licht gemacht ist und Himmel und Erde berührt. Wasser, Feuer, Luft und Erde sind die alten Elemente. Die Indianer in Nordamerika haben die Elemente mit den Himmelsrichtungen verbunden und gelehrt, daß ein Mensch in alle vier Richtungen gehen muß und Wasser, Feuer, Luft und Erde berühren muß, so daß er ihre Gabe empfängt. Weisheit, Vertrauen und Wärme, Weitblick und Sinn für das Nahe sind solche Gaben. Wer nur in eine Richtung geht, nur eine Gabe empfängt, sich einseitig entwickelt, kann kein ganzer Mensch werden. Erinnert euch an den Regenbogen, die Gabe des Feuers, die Gabe des Wassers, die Gabe des Windes und die Gabe der Erde. Erinnert euch an die sieben Farben, die zusammen das Licht sind. Erinnert euch an damals nach der Sintflut und an heute und die Anfänge neuen Lebens.